DICTIONNAIRE

UNIVERSEL

DES CONTEMPORAINS

6850

(5

PARIS. — IMPRIMERIE DE CH. LAHURE ET Cie
Rue de Fleurus, 9

DICTIONNAIRE

UNIVERSEL

DES CONTEMPORAINS

CONTENANT

TOUTES LES PERSONNES NOTABLES

DE LA FRANCE ET DES PAYS ÉTRANGERS

AVEC LEURS NOMS, PRÉNOMS, SURNOMS ET PSEUDONYMES,
LE LIEU ET LA DATE DE LEUR NAISSANCE, LEUR FAMILLE, LEURS DÉBUTS,
LEUR PROFESSION, LEURS FONCTIONS SUCCESSIVES, LEURS GRADES ET TITRES, LEURS ACTES PUBLICS,
LEURS ŒUVRES, LEURS ÉCRITS ET LES INDICATIONS BIBLIOGRAPHIQUES QUI S'Y RAPPORTENT,
LES TRAITS CARACTÉRISTIQUES DE LEUR TALENT, ETC.

OUVRAGE RÉDIGÉ ET TENU A JOUR

AVEC LE CONCOURS D'ÉCRIVAINS ET DE SAVANTS DE TOUS LES PAYS

PAR G. VAPEREAU

ANCIEN ÉLÈVE DE L'ÉCOLE NORMALE, ANCIEN PROFESSEUR DE PHILOSOPHIE
AVOCAT A LA COUR IMPÉRIALE DE PARIS

SUPPLÉMENT

LIBRAIRIE DE L. HACHETTE ET Cie

PARIS, 77, BOULEVARD SAINT-GERMAIN

LONDRES, 18, KING WILLIAM STREET, STRAND
LEIPZIG, 15, POST STRASSE

1863

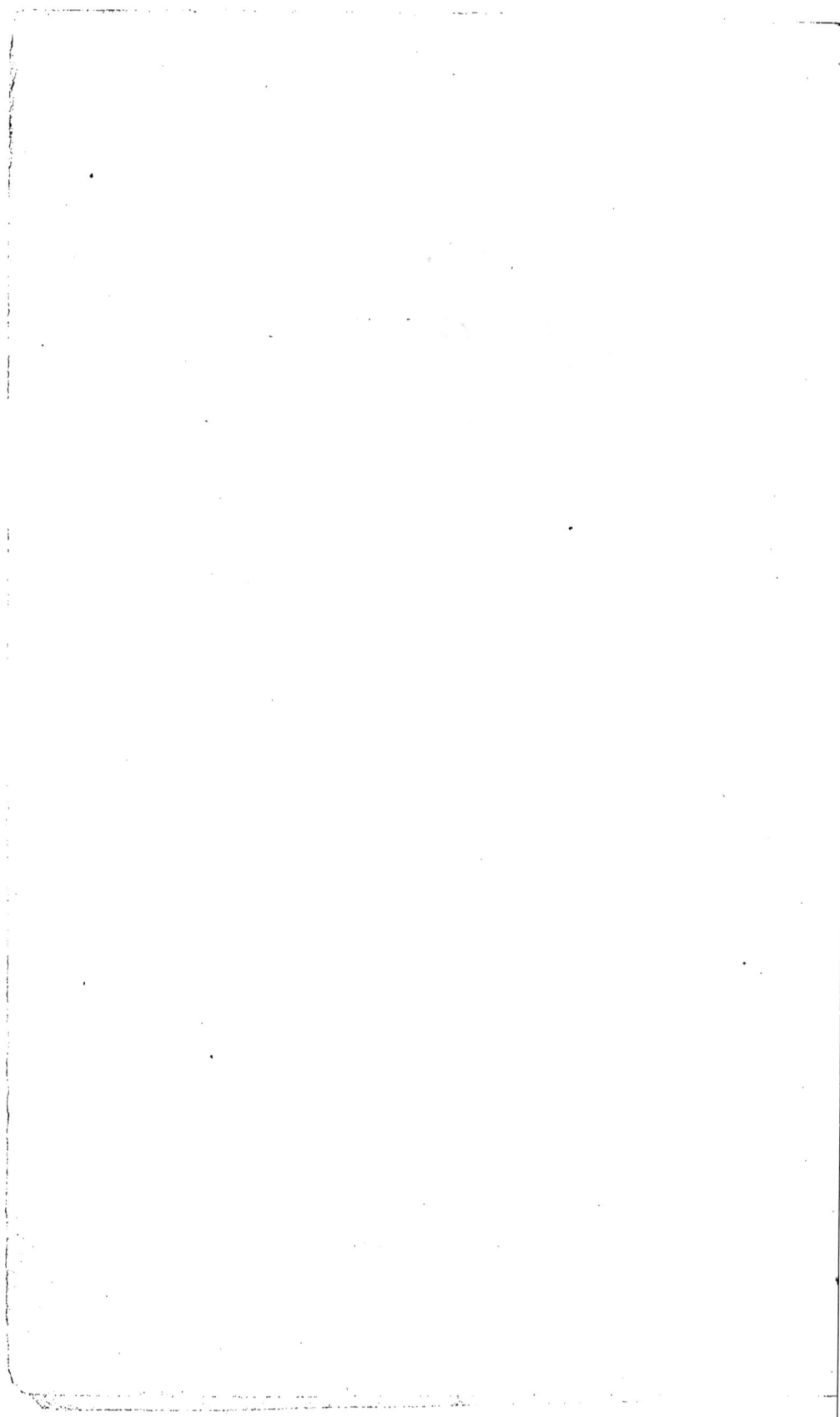

AVERTISSEMENT.

Ce *Supplément* contient trois sortes d'articles :

1° des notices nouvelles consacrées à des personnages qui ont acquis une notoriété récente, ou dont l'omission involontaire dans la précédente édition avait pour cause l'insuffisance des premiers renseignements recueillis;

2° la continuation ou plutôt l'achèvement des articles biographiques sur les hommes que la mort a frappés dans ces derniers temps;

3° la rectification de quelques inexactitudes qui nous avaient échappé dans le cours de notre premier travail.

Les notices nouvelles forment de beaucoup la plus grande partie de notre *Supplément*. L'histoire des deux années qui viennent de s'écouler, si fécondes en événements considérables, a mis subitement en lumière un certain nombre de noms peu connus ou complétement ignorés jusqu'alors. C'est l'étranger surtout qui devait nous fournir le plus fort contingent. La continuation de l'agitation italienne, l'explosion de la guerre d'Amérique, nos succès militaires en Chine et en Cochinchine, les débuts de notre expédition au Mexique, les événements de Syrie, de Turquie, des Provinces Roumaines, du Montenegro, ceux de Pologne, de Hongrie, de Prusse ont appelé sur la scène des acteurs nouveaux pour leurs compatriotes eux-mêmes, ou bien ont signalé à notre attention des personnages déjà célèbres dans leur pays, mais dont la vie publique laissait notre curiosité indifférente, avant d'être mêlée aux intérêts de la France ou de l'Europe. Nous osons croire que toutes les personnes qui s'occupent des affaires contemporaines, nous sauront gré de n'avoir pas reculé devant les difficultés qu'il fallait vaincre pour réunir, sur une centaine d'hommes de la plus récente actualité des renseignements biographiques à peu près complets.

L'Amérique, qui tient la première place dans les préoccupations du jour, nous a fourni, entre autres acteurs de ses drames sanglants, les *Banks*, les *Beauregard*, les *Breckenridge*, les *John Brown*, les *Burnside*, les *Butler*, les *Jefferson Davis*, les *Ericsson*, les *Halleck*, les *Stonewall Jackson*, les *Lee*, les *Mac-Clellan*, les *Mac-Dowell*, les *Mason* et *Slidell*, les *Pope*, les *Summer* et tant d'autres qui ont acquis si rapidement une célébrité européenne par leur ardeur à détruire l'antique Union ou à la défendre. Au Mexique, nous avons dû prendre avec le président *Juarez* et son ancien compétiteur *Miramon*, les généraux *Almonte* et *Zaragoza*. La Chine, à laquelle le *Dictionnaire des Contemporains* s'est ouvert avant toute autre publication biographique, avant même l'*Almanach de Gotha*, se retrouvera ici dans son jeune empereur *Toung-Tchi* et son ministre régent le prince *Kong*. L'Amérique du Sud nous a donné le président *Mitre* et le roi d'un jour *Orélie-Antoine Ier*; Madagascar, le roi *Radama II* et son ministre, notre compatriote *Lambert*. En Europe, la Turquie est représentée par son nouveau souverain *Abdul-Azis*; la Syrie par son gouverneur *Daoud-pacha*; le Montenegro, par son prince *Nicolas Ier*; la Roumanie, par son malheureux ministre *Barbo Catardji*; la Pologne, par le chef de son administration civile, le marquis *Wielopolski*; la Hongrie, par un de ses chefs d'opposition *Deak*, et par son chancelier le baron *de Forgach*; la Prusse, par le ministre dévoué du dernier coup d'État, le baron *de Bismark-Schœnhausen*; l'Angleterre, par les officiers généraux sir *James Hope Grant* et sir *James Hope*, par l'érudit *Rawlinson*, le voyageur *Oliphant*, l'électricien (comme on l'appelle)

Wheatstone, etc. En Italie, au général *Cialdini* dont la notice reparaît ici complétée, nous avons pu joindre l'homme d'Etat *Ricasoli*, le successeur de Cavour, les deux frères *Durando*, le général *Cugia*, l'officier général *Pallavicini*, le vainqueur d'Aspromonte; les prélats belliqueux *Liverani* et *Passaglia*.

La France tient moins de place dans notre *Supplément*. Elle était déjà si largement représentée dans le corps de l'ouvrage que les événements de deux années devaient naturellement nous prendre moins au dépourvu. Nous avons eu pourtant quelques lacunes à combler. On trouvera ici les généraux *Beaufort d'Hautpou;* et *Lorencez*; les amiraux *Bonard* et *Protet*; un ex-ministre, M. *de Forcade Laroquette* les administrateurs MM. *Mourier* et *Rufz de Lavison;* des gens de lettres, MM. *Sarcey, Sardou*, etc.; des artistes MM. *Avisseau, Bisson* frères, *Grévedon*, etc.; le chanteur M. *Montaubry;* les ingénieurs MM. *Sauvage* et *Solacroup*, etc. Le clergé français enfin, nous a offert plus de quinze noms nouveaux, pour les promotions de l'épiscopat dans l'Empire et dans les Colonies, sans compter Mgr *Mouly*, évêque de Pékin.

Parmi les additions qu'il convenait d'apporter à nos anciennes biographies des personnages morts depuis la dernière édition, nous signalerons à l'attention du lecteur celles qui résument des événements récents de l'histoire française ou étrangère, sous les noms d'*Abdul-Medjid*, de *Cavour*, de *Gortschakoff*, de *Hien-Foung*, de *Pedro V*, de *Teleki* et de quelques autres personnages, que la mort est venue enlever à de grandes œuvres ou aux plus hautes positions.

Les rectifications qu'on trouvera dans notre *Supplément* ont peu d'importance. Elles se bornent à la correction de quelques dates altérées par des erreurs typographiques, à l'éclaircissement d'une confusion de personnes, au rétablissement de la véritable forme d'un nom, dont nous avions cependant emprunté l'orthographe à une source officielle. Sans doute, il nous a été signalé ou nous avons découvert nous-même un plus grand nombre de fautes, que nous avons le désir de corriger; mais elles avaient assez peu de gravité pour ne pas être mentionnées à part. Nous nous empresserons de les faire disparaître du corps même de l'ouvrage dans une édition ultérieure.

Nous remercions ici de nouveau les personnes qui veulent bien, par toutes sortes de communications utiles, nous aider à rendre notre travail plus exact et plus complet. Pour le dépouillement spécial des divers journaux et de toutes les publications officielles où s'écrit au jour le jour l'histoire contemporaine, nous avons été particulièrement secondé par MM. Belin-De Launay et Victor Chauvin. Mais il faut que tout le monde contribue à un ouvrage dont la vérité intéresse tout le monde : le *Dictionnaire des Contemporains* a encore plus besoin du concours du public que de son indulgence; ceux qui se servent d'un tel livre n'ont le droit de se montrer sévères pour des omissions ou des fautes inévitables, qu'autant qu'en les signalant à l'auteur, ils l'auront mis en mesure de donner à son travail une perfection relative qui doit être l'œuvre du temps et du bon vouloir universel.

G. VAPEREAU.

30 novembre 1862.

DICTIONNAIRE

UNIVERSEL

DES CONTEMPORAINS.

SUPPLÉMENT.

(NOVEMBRE 1862.)

Les noms suivis d'un astérisque (*) figurent déjà dans le corps de l'ouvrage.

A

ABDUL-AZIZ-KHAN, sultan ou empereur (*padichah*) des Ottomans, 32e souverain de la dynastie d'Othman et le 26e depuis la prise de Constantinople, second fils du sultan Mahmoud Khan et frère du dernier sultan Abdul-Medjid, né le 15 chaban de l'an 1245 de l'hégire (9 février 1830), a succédé à son frère le 25 juin 1861. Jusqu'à son avénement, il avait toujours vécu dans la retraite la plus profonde : aussi, tout en le regardant comme plus ferme et plus énergique que son prédécesseur, on l'a jugé très-diversement. Les uns l'ont représenté comme attaché fortement aux tendances et aux préjugés du vieux parti musulman; d'autres, au contraire, lui attribuent de la propension pour les idées modernes. Cette dernière opinion paraît plus en rapport avec ses premiers actes et avec l'éducation qu'il a reçue. Élevé par un Français, il parle parfaitement notre langue et l'anglais; il est très-versé dans notre littérature et dans la politique contemporaine. Il s'est beaucoup occupé d'améliorations agricoles, et il avait fondé, près de Scutari, une ferme modèle, établissement unique en son genre. On le dit grand, bien fait, très-brun, étranger à ces habitudes de langueur et de mollesse si funestes aux Orientaux. Il n'a qu'une seule femme, Circassienne d'origine, et passe pour très-économe.

Le sultan a marqué son avénement par quelques mesures louables et par des promesses excellentes, relatives surtout à des réformes intérieures et financières. Conservant tous les ministres de son frère, à l'exception du ministre des finances, Riza-Pacha, qui, accusé de dilapida-

tion, fut arrêté avec le premier chambellan, et remplacé par Namick-Pacha, il réduisit sa liste civile de 70 000 000 de piastres à 12 000 000, confirma le hatti-chérif de Gulhané et le hatti-humayun de 1856, promit l'égalité à tous ses sujets, sans distinction de religion, et recommanda spécialement l'ordre et l'économie dans les finances. Il visita ensuite les établissements publics, se rendant compte de tous les détails par lui-même, épura le personnel de la justice et de l'administration, diminua les dépenses de la cour, et, déclarant qu'il voulait n'avoir qu'une femme, congédia le sérail, et ne garda au palais que les sultanes mères de princes. Contrairement à l'usage établi, il retint près de lui ses neveux que les traditions condamnaient à une sorte de réclusion : il nomma pacha Méhémet Mourad, l'aîné d'entre eux, et plaça les autres à l'école militaire de Constantinople. Il leur présenta son fils, âgé de quatre ans, qu'il avait jusque-là fait élever secrètement, avec le consentement tacite d'Abdul-Medjid, pour se conformer en apparence à l'usage qui défend à l'héritier du trône d'élever ses enfants mâles venus au monde avant son avénement.

Au dehors, Abdul-Aziz reconnut le royaume d'Italie, conclut avec ce pays, l'Angleterre et la France des traités de commerce, intervint conciliant pour l'arrangement de la question du Liban; enfin il vient, après une guerre sanglante, de triompher du Monténégro, et son général, Omer-Pacha, a imposé la paix aux belliqueux montagnards sous les murs mêmes de leur capitale (22 sept. 1862).

1

On a reproché à Abdul-Aziz d'avoir nommé au commandement de la garde impériale Namick-Pacha, si tristement célèbre par les événements de Djeddah, et d'avoir remplacé le grand vizir, Méhémet-Kiprisli, partisan des idées européennes, par Ali-Pacha, regardé comme un des principaux représentants du vieux parti turc. Toutefois, ces questions de personnes ne paraissent pas avoir eu jusqu'à présent de graves conséquences, et il est difficile, au milieu de renseignements contradictoires, d'apprécier les véritables tendances du nouveau sultan.

ABDUL-MEDJID-KHAN *. — Mort le 25 juin 1861. Les dernières années de son règne ont été troublées par des crises financières et par des désordres graves dans plusieurs provinces. Ainsi, au commencement de 1861, après avoir échoué dans une tentative d'emprunt, le sultan avait été forcé de décréter (14 avril) l'émission et le cours forcé du papier-monnaie. Les embarras politiques n'étaient pas moindres : il avait fallu faire une enquête en Roumélie et Bulgarie pour satisfaire aux réclamations motivées de la Russie; les provinces danubiennes, l'Herzégovine, le Monténégro inspiraient de vifs sujets d'inquiétudes pour le maintien de la paix; enfin les hostilités entre les Druses et les Maronites avaient démontré l'impuissance de la Porte à maintenir l'ordre sur son propre territoire. Le dernier acte du sultan fut la consécration du nouvel arrangement arrêté entre les puissances européennes pour l'organisation du Liban.

Abdul-Medjid-Khan a laissé huit filles et six fils, dont l'aîné, Méhémet Mourad, est âgé de vingt-deux ans. La vie du sérail l'avait vieilli avant l'âge, et elle a déterminé l'épuisement prématuré auquel il a succombé. Comme tous les princes ottomans, il a poussé la magnificence jusqu'à la prodigalité, et on lui a d'autant plus vivement reproché ses goûts dispendieux qu'ils contrastaient avec la pénurie du trésor public, et que, par suite des relations devenues plus fréquentes avec l'Orient, on a mieux connu sa vie privée que celle de ses prédécesseurs.

ABEL DE PUJOL * (A.-D.). — Mort le 28 septembre 1861.

ABERCROMBY * (sir Ralph). Voy. DUNFERMLINE.

ABINGER * (R.-C. SCARLETT, 2ᵉ baron). — Mort le 24 juin 1861.

ADAM * (Albert). — Mort à Munich, le 27 août 1862.

ADELON * (N.-P.). — Mort en juillet 1862.

AGARDH * (C.-A.). — Mort en octobre 1862.

ALBERT * (le prince), mari de la reine Victoria. — Mort le 14 décembre 1861. Comme son frère le prince Ernest de Saxe-Cobourg-Gotha, il avait reçu une très-forte éducation musicale qu'il a développée par des études suivies, et il s'est aussi livré d'une manière sérieuse à la composition. On cite de lui avec éloge, même ailleurs qu'en Angleterre, un certain nombre de productions : une *Invocation à l'harmonie*, chœur avec solos; des chants religieux, tels que *Te Deum, Jubilata, Sanctus*, etc.; un *Choral en fa*; un *Hymne de Noël*, des *Lieder* et *Romances*, *avec accompagnement de piano*, etc.

ALMONTE (Juan-Nepomuceno), général mexicain, de race indienne, né vers 1812, est, suivant

toutes les correspondances, le fils du curé Morelos, le fameux chef de partisans, fusillé en décembre 1815. Il passa sa première jeunesse aux États-Unis, parvint à force d'énergie, à se créer des ressources et à s'instruire, puis revint dans son pays, où Santa-Anna le choisit pour aide de camp. Il fit en cette qualité la campagne du Texas contre le général américain Samuel Houston, et fut fait prisonnier, avec Santa-Anna, à la bataille de San-Jacinto (1836). Rendu à la liberté, il occupa quelque temps le poste de secrétaire d'État, puis fut nommé ministre plénipotentiaire à Washington. Lorsque l'Union prononça l'annexion du Texas, il protesta contre cet acte et demanda ses passe-ports. En 1845, il se mit sur les rangs pour la présidence, mais il eut beaucoup moins de voix que le général Herrera, son concurrent; après l'élection, il combattit le nouveau président, tant dans son journal *El Amigo del Pueblo* qu'en dirigeant les actes de l'opposition à Mexico. Paredes, à l'élévation duquel il avait contribué, le nomma ministre de la guerre, puis bientôt ambassadeur à Paris.

Il était parti pour se rendre en France, quand il apprit à la Havane le retour de Santa-Anna au pouvoir. Il revint aussitôt près de lui, prit part à la guerre contre les Américains, et assista avec Santa-Anna aux batailles de Buena-Vista (22 février), Cerro-Gordo (18 avril) et Churubusco (20 août 1847). A l'avènement du président Arista, le général Almonte rentra dans l'opposition libérale, et se présenta de nouveau, mais sans succès, comme candidat à la présidence. Bientôt Santa-Anna rappelé le nomma de nouveau ministre plénipotentiaire aux États-Unis, et il fut maintenu dans ces fonctions par les divers gouvernements qui se succédèrent, Alvarez, Comonfort, Zuloaga, Miramon. Il représentait le Mexique à Paris, lorsque ce dernier président fut renversé par Juarez.

Lors de l'expédition hispano-anglo-française, le général Almonte retourna au Mexique dans les premiers mois de 1862. Le président Juarez protesta contre sa présence au camp français et demanda qu'on le lui livrât; les commissaires espagnols et anglais, le général Prim et sir Charles Wyke, voulaient accéder à cette demande, mais le commissaire français s'y refusa, et les conférences ouvertes à Orizaba furent rompues. Quelques jours après (19 avril), un pronunciamiento dirigé par le général Taboada, avait lieu à Cordova, puis à Orizaba et à la Vera-Cruz, et proclamait la déchéance de Juarez et son remplacement par Almonte. Investi d'un pouvoir dictatorial dans les contrées occupées par les Français, le général Almonte fit des tentatives pour organiser son gouvernement, mais il dut agir à ses risques et périls, et les troupes françaises, qui l'avaient défendu quand il était menacé sous leur protection, s'abstinrent de toute intervention qui aurait eu un caractère politique. Le général Forey, en arrivant au Mexique, prononça dans sa première proclamation la déchéance du général Almonte, ainsi que la nullité de tous ses actes et déclara les Mexicains libres de choisir leur gouvernement (26 septembre 1862).

ALVENSLEBEN (Albert D'), homme d'État prussien, né à Halberstadt, le 23 mars 1794, termina ses études à Berlin, embrassa la carrière militaire et fit, en qualité de volontaire, la campagne de France en 1815. La paix le rendit à la vie civile, et dès lors il ne s'occupa plus que d'administration. Conseiller d'État en 1823, il fut, en 1834, un des deux représentants que la Prusse envoya à la conférence des ministres allemands réunie à Vienne. Chargé en 1836 du portefeuille des finances, il y réunit, l'année suivante celui du Commerce et des Travaux publics, et signala son passage au pouvoir par ses efforts en faveur de l'union des douanes germaniques. Il quitta le ministère en 1842, et resta l'un des conseillers de la couronne jusqu'en 1850. A cette époque il représenta la Prusse aux conférences de Dresde, où il s'opposa constamment aux prétentions de l'Autriche, bien qu'il ne se sentît que faiblement soutenu par la cour de Berlin. M. d'Alvensleben a depuis vécu dans la retraite.

ANDERSON (Robert), général américain au service de l'Union, est sorti de l'école militaire de West-Point en 1825. Il fit la guerre de Black-hawk, en qualité de lieutenant dans la compagnie commandée par le capitaine Lincoln, aujourd'hui président. Plus tard il se signala par sa brillante conduite dans la guerre du Mexique. Lorsque la Caroline du Sud se sépara de l'Union, le major Anderson commandait à Charleston la petite garnison fédérale, forte de soixante-seize hommes. Bien qu'aucune hostilité directe n'eût encore eu lieu, il ne se dissimula pas la gravité de la situation, et se prépara à la défense. Ne pouvant protéger avec si peu de soldats les forts Moultrie et Sumter, il évacua le premier et se réfugia dans le second, qui est vraiment la clef du port de Charleston. Le 11 avril 1861, le général Beauregard le somma de capituler : Anderson refusa et le lendemain matin, à quatre heures et demie, toutes les batteries de la ville tirèrent sur le fort : la guerre était déclarée. Après avoir riposté de son mieux pendant quarante heures à cette canonnade qui n'endommagea que les murs, le major se rendit à des conditions honorables, et le 14 avril, il s'embarqua avec sa petite troupe sur le vapeur le *Baltic*, qui le ramena à New-York. Sa conduite fut approuvée par le Congrès, et il reçut le commandement de la brigade du Kentucky. Le 18 septembre, la législature de cet État l'appela à prendre la direction du département de Cumberland, pour en chasser les sécessionistes, et le surlendemain cette mesure fut maintenue, malgré l'opposition du gouverneur Magoffin. Depuis cette époque, le général Anderson a continué de défendre le drapeau fédéral. Il est l'auteur de plusieurs ouvrages militaires d'une grande valeur.

ANOUL * (V.-P.-E.).—Mort le 6 septembre 1862.

ARENBERG * (L.-P. duc D'). — Mort à Bruxelles, le 28 février 1861.

ARGENSON * (C.-M.-R. DE VOYER, marquis D'). — Mort le 31 juillet 1862.

ARGYROPOULO * (P.). — Mort le 28 décembre 1860.

ARNOULD * (E.-N.). — Mort le 2 février 1861. En 1862, l'Académie française a décerné une médaille de 2000 fr. à son recueil posthume, intitulé : *Sonnets et Poëmes* (1861, in-12).

ARTAUD * (N.-L.). — Mort en novembre 1861.

ARUNDELL DE WARDOUR * (H.-B. ARUNDELL, 11e baron). — Mort en octobre 1862.

AUBANEL (Joseph-Marie-Jean-Baptiste-Théodore), littérateur français, né à Avignon, le 26 mars 1829, et fils d'un imprimeur de cette ville, y est devenu lui-même imprimeur. Il est avec MM. Mistral et Roumanille (Voy. ces noms), un des chefs du mouvement littéraire qui a pour objet la régénération de la langue et de la poésie provençales. Éditeur des principaux recueils qui ont signalé ce réveil, il a lui-même collaboré à celui des *Provençales*, avec M. Mistral (1852), à celui des *Noëls* (Li Nouvé, même année), avec MM. Saboly, Peyrol et Roumanille, et à l'*Almanach des Félibes* (1854 et années suiv.), sorti de ses presses. Mais le principal ouvrage de M. Aubanel, qu'on a surnommé « le Pétrarque français, » est *la Grenade entr'ouverte* (la Miougrano entraduberto ; Avignon et Paris, 1860, (in-12), qui eut un succès populaire dans tout le midi.

AUBRY * (P.-F.-J.). — Mort en mars 1861.

AVISSEAU (Jean-Charles), artiste en céramique français, né le 25 décembre 1796, manifesta de bonne heure son goût pour la sculpture et le dessin, mais fut forcé par la pauvreté de sa famille de se faire tailleur de pierres. A vingt ans, il entra dans une manufacture de faïence fine à Beaumont-les-Autels (Eure-et-Loir), où il fit des essais de peinture dite de reverberie. La vue d'un vase de Palissy lui inspira le désir de retrouver les secrets d'un art abandonné, et il se livra pendant quinze ans, souvent au milieu de toutes les privations de la misère, à de persévérantes recherches, avant de résoudre le problème de la fusion au grand feu des émaux de différentes couleurs. Pendant ce temps, pour se procurer des ressources, il modelait des statues de terre cuite pour les jardins et les églises. Ses œuvres de poterie les plus remarquables sont des groupes et scènes d'oiseaux et d'animaux divers, des vases, des coupes, des plats de poissons et de reptiles, qui attestent son habileté comme statuaire et ses connaissances comme chimiste et naturaliste. Il a obtenu une mention spéciale à l'exposition universelle de Londres de 1851, une médaille de 2e classe à celle de Paris, en 1855, des médailles d'honneur à diverses expositions centrales des départements. — M. Charles Avisseau est mort le 10 février 1861.

Son fils, Charles AVISSEAU, né en 1831, élève et collaborateur de son père, continua les essais que celui-ci avait commencés sur les faïences dites de Henri II, sans abandonner les grandes scènes rustiques. Il a obtenu lui-même une médaille d'or à l'exposition nationale de Nantes en 1861 et une seconde médaille à l'exposition universelle de Londres en 1862.

AVOND * (E.). Mort en 1861.

AYMARD * (A. baron). — Mort en avril 1861.

B

BANKS (Nathaniel-Prentiss), général américain au service de l'Union, né le 30 janvier 1816, à Boston (Massachussets), n'est entré dans la carrière militaire que depuis le commencement de la guerre civile. Son père était contre-maître dans une manufacture de coton : l'enfant y travailla d'abord sous sa direction, puis il se destina à la profession de mécanicien, et enfin, optant pour la carrière littéraire, se mit à l'étude, et fit des lectures sociales et politiques dans divers meetings. Le président Polk le remarqua et lui donna un emploi dans la douane de Boston. En 1849, il

entra à la Chambre des représentants de Massachussets, qui le choisit pour président en 1851.
Deux ans plus tard, il présida aussi l'assemblée
chargée de reviser la constitution de cet État.
Vers cette époque, il vota dans le congrès contre
les démocrates pour le bill de Kansas-Nebraska.
En décembre 1854, il fut nommé président du
Congrès et s'acquitta de sa charge avec distinction. En 1857, il devint gouverneur du Massachussets, fonctions qu'il exerça jusqu'à la guerre.

S'il n'appartenait pas à l'armée active, il avait
du moins acquis une certaine expérience des
affaires militaires, en s'en occupant attentivement
comme administrateur, et en présidant habilement à l'organisation des milices volontaires.
Aussi, lors de la soudaine explosion de 1861,
fut-il un des premiers citoyens désignés pour le
commandement, dans la pénurie d'officiers expé-
rimentés qui était la grande difficulté du moment.
On voulut lui donner les fonctions de quartier-
maître général, mais il préféra le service actif, et
il fut placé, comme major-général, à la tête du
5ᵉ corps de l'armée de Potomac, composé de sa
division et de celle du général Shield. Avec ces
troupes, il battit, le 23 mars, à Winchester, le
général confédéré Jackson, puis, chargé de con-
tenir Baltimore, où des sentiments séparatistes
se faisaient jour, il mit la ville en état de siége,
fit arrêter le chef de la police, et y maintint l'autorité fédérale. Après la défaite de Bull's Run, à
laquelle il n'avait point assisté, il fut appelé à
remplacer le général Patterson, et en cette qualité occupa Harper's-Ferry le 24 juillet.

Au printemps de 1862, le général Banks reçut
le commandement du département militaire de
la Shenandoah, comprenant la partie de la Virginie et du Maryland située entre le département des montagnes et le Blue-Ridge. Dans
cette campagne, il fit preuve d'une bravoure et
d'une activité remarquables; mais, affaibli par le
départ d'un corps de 15 000 hommes qu'il avait
été forcé d'envoyer au secours de Mac-Dowell, il
éprouva de graves revers. Une partie de ses forces,
sous les ordres du colonel Kenly, fut taillée en
pièces à Front-Royal le 23 mai, lui-même, forcé
de battre en retraite sur Winchester, en fut
chassé le 24 par Ewell et Jackson qui le rejetè-
rent au delà de Potomac. Ayant reçu des renforts,
il put rentrer à Front-Royal le 28 mai et à Mar-
tinsbourg deux jours plus tard. Là, ses troupes,
jointes à celles des généraux Frémont et Mac-
Dowell, formèrent une seule armée dont Pope
devint le général en chef. Le 9 août, Banks soutint, seul avec son corps d'armée, un combat
meurtrier contre Jackson, à Cedar-Mountain, et
quoique inférieur en nombre parvint à conserver
ses positions.

Quelques jours après, lorsque les généraux Lee
et Stonewall Jackson, par des marches rapides,
eurent opéré cette habile concentration de forces
qui les a conduits presque sous les murs de Washington, Banks prit encore une part active et
distinguée aux nombreux et sanglants combats
que les fédéraux livrèrent presque chaque jour
tout en battant en retraite. C'est ainsi qu'il assista
sur le Rappahannock aux combats des 20, 21, 22
et 23 août. Quatre jours plus tard, il payait aussi
de sa personne les 28, 29, 30 et 31 août, dans la
terrible lutte livrée entre Manassas et Warrenton,
contre Jackson qui, presque vaincu le 30, triom-
phait le lendemain d'une manière décisive, et
envahissait le Maryland. Dans l'armée d'élite que
Mac-Clellan improvisa aussitôt pour rejeter les
confédérés au delà du Potomac, Banks obtint le
commandement d'une division, et prit part aux
ces troupes nouvelles aux sanglantes affaires
d'Hagerstown (14 et 15 septembre) et d'Antiétam

(16 et 17 septembre), qui reportèrent la guerre
dans la Virginie.

BAR * (A.-A.-F. DE). — Mort en 1861.

BARD * (J.). — Mort le 21 octobre 1861.

BARESTE * (E.). — Mort le 3 juin 1861.

BARLOW * (P.). — Mort le 1ᵉʳ mars 1862.

BARON * (Aug.-Al.-Floréal). — Mort en mars
1861.

BARTHOLOMEW * (A. FAYERMANN, mistress).
— Morte en 1862.

BASCANS * (F.). — Mort le 31 décembre 1861.

BAUDE * (J.-J. baron). — Mort le 7 février 1862.
Aux ouvrages que nous avons cités de lui il faut
ajouter les Mémoires suivants : Sur les côtes de
France de l'Océan et de la Méditerranée; Sur l'em-
poisonnement des eaux douces; Sur l'isthme de
Suez et son percement; Sur la marine de l'Au-
triche; Sur la puissance militaire de l'Autriche en
Italie.

BEAUFORT-D'HAUTPOUL (Charles-Marie-Na-
poléon), général français, né en 1804 à Naples,
où son père résidait comme chef de bataillon du
génie, fut de 1820 à 1824 élève des Écoles de Saint-
Cyr et d'état-major et fit la campagne de Morée
dans laquelle sa conduite, lors de l'attaque du
château, fut mise à l'ordre du jour. En 1830, il
fit partie de l'expédition d'Alger, comme aide de
camp du général Valazé. De 1834 à 1837 il fut
chargé par le maréchal Soult de missions en
Égypte et en Syrie et devint alors aide de camp
de Soliman-pacha, chef d'état-major d'Ibrahim-
pacha. Attaché à l'ambassade de Perse, il visita
toute l'Asie Mineure, puis remplit une nouvelle
mission en Égypte. Aide de camp du duc d'Au-
male, il servit en Algérie jusqu'en 1848, y gagna
les grades de chef d'escadron et de lieutenant-
colonel et eut part à la prise de la Smala. Rappelé
à Paris par le général Cavaignac, il retourna en
1849 en Afrique où il fut pendant cinq ans chef
d'état-major du général Pélissier dans la province
d'Oran. Colonel en 1850, général de brigade le
1ᵉʳ janvier 1854, il dirigea plusieurs expéditions
contre le Maroc et commanda les subdivisions de
Mostaganem et de Tlemcen. Rentré en France en
1858, il commanda le département de l'Yonne et
devint en 1859 chef d'état-major du 5ᵉ corps
d'armée. En avril 1860, il fut chargé de la délimitation de notre nouvelle frontière savoisienne,
par suite de l'annexion de cette province à la
France. Au mois d'août de la même année, il fut
mis à la tête du corps expéditionnaire envoyé en
Syrie pour protéger les chrétiens contre le fana-
tisme musulman et obtenir satisfaction des violences et des massacres déjà commis. Le général
Beaufort-d'Hautpoul, officier de la Légion d'honneur depuis 1841, a été promu commandeur le
16 juin 1856. — Sa famille est étrangère à celle
du sénateur le marquis d'Hautpoul (Voy. ce nom),
à qui l'on donne aussi quelquefois, par erreur, le
nom de Beaufort.

BEAULIEU * (J.-L. DUGAS DE). — Mort en août
1861.

BEAUREGARD (G.-T... DE), général américain
sécessioniste, né en 1817, aux environs de la
Nouvelle-Orléans, appartient à une des familles
les plus aristocratiques de la Louisiane, et des-

cend, par sa mère, des ducs italiens de Reggio. En 1833, il entra à l'école militaire de West-Point; il était lieutenant d'artillerie en 1835, et dans la guerre du Mexique, en 1847, il prit part, comme capitaine, aux batailles de Controvas et de Cherubusco. Il fut chargé ensuite de diriger la construction de la Douane et de la Monnaie de la Nouvelle-Orléans, ainsi que celle des défenses élevées à l'embouchure du Mississipi. Il fut nommé directeur de l'école de West-Point, mais son beau-frère, le sénateur John Slidell, le détermina à ne pas accepter ces fonctions.

Dès le commencement de la scission entre le Nord et le Sud, M. J. Davis désigna le général Beauregard pour commander à Charleston. Celui-ci attaqua le 12 avril le fort Sumter et le força à se rendre le lendemain. C'était le premier acte d'hostilité entre les deux partis. Aussitôt l'armée confédérée s'organisa, et Beauregard fut nommé général en chef. Il se chargea spécialement de diriger la division occidentale de l'armée, et se porta sur Norfolk que menaçait Butler. Pendant quelques jours, tout se passa en escarmouches; enfin le 21 juillet, les confédérés livrèrent la première bataille de Bulls'Run, victoire qui fut plutôt pour le Nord un grand échec moral qu'un désastre matériel, et qui exalta l'enthousiasme du Sud. Dans cette journée, le général Beauregard soutint sa haute réputation militaire, mais il ne sut pas profiter de son succès et du désordre qui régnait dans les troupes de l'Union. Soit qu'il n'ait pas osé, soit que ses troupes affaiblies par leur triomphe même n'aient pu aller plus loin, il laissa les fédéraux se réorganiser pendant le mois d'août et se fortifier en septembre sur la ligne du Potomac, de manière à arrêter la marche des vainqueurs. Le reste de la campagne ne fut signalé par aucun incident remarquable.

Au commencement de 1862, le général Beauregard prit le commandement de l'armée du Mississipi, sous la direction supérieure du général A. Sidney Johnson. Tout deux livrèrent, le 6 et le 7 avril, la bataille de Pittsburg-Landing, près de Corinth, dans l'Alabama, qui, favorable le premier jour pour leurs armes, se changea le lendemain en défaite. En voyant les fédéraux maîtres de la Nouvelle-Orléans, Beauregard adressa le 27 avril une proclamation aux planteurs du Sud, pour les engager à brûler immédiatement tout leur coton. Cependant l'offensive vivement reprise par les fédéraux depuis la panique de Bulls'Run et l'impuissance à laquelle Beauregard fut réduit par leurs manœuvres dans les formidables lignes de défense qu'il avait élevées près de Corinth, nuisirent à sa popularité; il fut rappelé à Richmond, et, le 15 juin, il laissa au général Bragg le commandement de l'Alabama. On revint bientôt sur cette décision, et, au mois de septembre, on lui rendit un commandement, en lui confiant le département des Côtes, avec Charleston pour quartier-général.

BECQUEREL * (L.-A.). — Mort en mars 1862.

BEDFORD * (F. RUSSELL, 7e duc DE). — Mort en mai 1861.

BEHR * (J.-N.-J. DE). — Mort en avril 1862.

BÉJA * (J.-M.-F., etc., duc DE SAXE, duc DE). — Mort en décembre 1861.

BELLEYME * (L.-M. DE). — Mort le 24 février 1862.

BENEDETTI (Vincent), diplomate français, né en Corse, vers l'an 1815, d'un père grec, qui avait été consul général d'Autriche au Caire, fut destiné à suivre la carrière paternelle. Après avoir été élève consul, puis consul au Caire, il obtint le consulat de Palerme en 1848 (3 mai); puis il devint premier secrétaire d'ambassade à Constantinople. Le 5 mai 1855, il fut désigné pour remplacer M. Bourée dans les fonctions d'envoyé extraordinaire et ministre plénipotiaire à la cour de Téhéran. Il refusa cette position, et fut mis en disponibilité; mais, quelques mois après, il fut nommé directeur des affaires politiques au ministère des affaires étrangères, et comme secrétaire du congrès de Paris, il rédigea les protocoles du traité (1856). Il se lia en cette circonstance avec M. de Cavour, et il est considéré, dans le monde officiel, comme un des personnages les plus dévoués à l'indépendance italienne. Ses sympathies bien connues amenèrent sa nomination au poste de ministre plénipotentiaire de France à Turin en 1861, lorsque le gouvernement français reconnut, après la mort de Cavour, le royaume d'Italie.

Nommé chevalier de la Légion d'honneur le 7 juin 1845, officier le 6 août 1853, commandeur le 2 avril 1856, M. Benedetti a été promu grand-officier le 28 juin 1860. Il est aussi grand officier de l'ordre de Saint-Maurice et Saint-Lazare. Mais lorsque M. Thouvenel quitta le ministère des affaires étrangères, M. Benedetti crut aussi devoir se retirer.

BERTHIER * (P.). — Mort en août 1861.

BERTHOLD * (A.-A.). — Mort en février 1861.

BERTRAND SAINT-GERMAIN (N....), médecin français, né au Puy-en-Velay, le 25 octobre 1810, et fils d'un magistrat, descend par sa mère de la famille de Morgues de Saint-Germain. Reçu docteur à Paris en 1840, il a été plusieurs années attaché à un des bureaux de bienfaisance d'arrondissement, il a reçu deux médailles d'honneur, en 1849 et 1854. Il a publié : Des manifestations de la vie et de l'intelligence à l'aide de l'organisation (1847); De la diversité originelle des races humaines et des conséquences qui en résultent dans l'ordre intellectuel et moral (1847); Visite au château de Montaigne (1850); une traduction de la Protogœa de Leibniz; une édition de la Santé des gens de lettres, de Tissot, et quelques articles spéciaux dans l'Assemblée nationale.

BEURET (Georges), général français, né à la Rivière (Haut-Rhin), le 15 juin 1853, fut élève de Saint-Cyr, et fit les campagnes d'Espagne et de Morée. Capitaine adjudant-major en 1836, chef de bataillon en 1844, lieutenant-colonel en 1849, colonel en 1852, général de brigade en janvier 1855, il fut employé en Algérie, dans l'expédition de Rome et dans la guerre de Crimée, puis commanda une brigade à Paris. Il fit partie, en avril 1859, de l'armée d'Italie, et fut tué à l'affaire de Montebello (20 mai). Il était, depuis le 27 janvier 1855, grand officier de la Légion d'honneur.

Un autre général du même nom, le vicomte Eugène-Georges-Jacques BEURET, né en 1806, ancien élève de l'École polytechnique, est, depuis le 24 décembre 1858, général de division dans l'artillerie, et commandeur de la Légion d'honneur (1857).

BIANCHI-GIOVINI * (A.). — Mort en mai 1862.

BIDA * (Alexandre). — Né en 1813, et non en 1823, comme il a été dit par erreur typographique

BIGNAN * (A.). — Mort en novembre 1861.

BIOT * (J.-B.). — Mort le 2 février 1862.

BISMARK-Schœnhausen (Othon, baron de), homme d'État prussien, né en avril 1815, à Schœnhausen, près de l'Elbe, appartient à une noble et antique famille qui remonte, dit-on, aux anciens chefs d'une tribu slave. Ses débuts dans la carrière diplomatique datent de 1851. Il siégeait alors, depuis quatre ans, comme représentant de la province de Brandebourg, dans la seconde Chambre du parlement prussien, et il y exerçait une influence considérable qui attira sur lui l'attention du roi Frédéric-Guillaume IV. La légation de Francfort, poste toujours recherché, offrait en ce moment des difficultés exceptionnelles : le roi la confia à M. de Bismark, qui se montra digne de ce choix. Franchement constitutionnel et ennemi des alliances exclusives, M. de Bismark regarde l'Autriche comme l'antagoniste de la Prusse et comme un danger pour l'Allemagne. En 1852, il fut envoyé à Vienne, contribua à repousser l'Autriche du Zollverein, et se montra, soit dans cette ville, soit à Francfort, où il resta jusqu'en 1859, l'adversaire constant de M. de Rechberg. En 1858 parut une brochure célèbre : *la Prusse et la question italienne*, qui lui fut attribuée, non sans quelque vraisemblance, car elle n'était que le développement de la politique qu'il avait toujours soutenue. L'auteur anonyme, rappelant le vieil antagonisme de la Prusse et de l'Autriche, soutenait avec beaucoup de talent et d'énergie la thèse d'une triple alliance entre la France, la Prusse et la Russie, comme moyen de produire inévitablement l'unité allemande par la suprématie de la Prusse.

En mars 1859, M. de Bismark fut nommé ambassadeur à Saint-Pétersbourg : il y resta jusqu'en 1862, et se concilia l'estime et la confiance du czar, qui lui conféra l'ordre de Saint-Alexandre Newski. Au mois de mai 1862, il passa à l'ambassade de Paris, et fut reçu en audience publique aux Tuileries le 1er juin. Cette nomination avait été favorablement accueillie, car on attribuait à M. de Bismark un esprit loyal, sincère, conciliant, un jugement droit et sûr ; mais il ne devait pas conserver longtemps ce nouveau poste. Par suite des conflits suscités dans le parlement prussien par le budget de l'armée, M. de Bismark fut appelé, le 22 septembre 1862, à la présidence du conseil des ministres avec les deux portefeuilles de la maison du roi et des affaires étrangères. La situation était grave. Il ne put, malgré tous ses efforts, triompher de la résistance de la Chambre des députés qui s'opposait à la réorganisation militaire, comme tendant à affaiblir le landwehr au profit de l'armée, c'est-à-dire de la réaction. Dans cet esprit, les députés adoptèrent, à une très-forte majorité, les propositions de la commission du budget, déclarées impraticables par le gouvernement. La Chambre des seigneurs au contraire adopta le budget de M. de Bismark ; mais les députés ayant protesté contre ce vote et l'ayant déclaré illégal, la session a été close par un message royal. M. de Bismark, en quittant officiellement son poste d'ambassadeur à Paris, a été nommé par l'Empereur grand'croix de la Légion d'honneur.

BISSON (Louis-Auguste et Auguste-Rosalie), ou Bisson *frères*, artistes photographes français, nés à Paris, le premier le 1er avril 1814, le second le 29 avril 1826, sont fils du peintre héraldique Louis-François Bisson, qui a exécuté l'*Armorial* de la Chambre des pairs et des grands ordres de la France. L'aîné fut d'abord architecte

et fut attaché en 1838 au service municipal de Paris. Occupé dès cette époque de l'étude de la chimie, il fut l'élève de MM. Dumas et Becquerel, et on lui doit, outre divers perfectionnements scientifiques des épreuves daguerriennes, la découverte du bronzage et du laitonnage de la fonte de fer et de zinc, devenu depuis l'objet d'une si grande exploitation industrielle. Le second se consacra pendant quelque temps au dessin et à la peinture héraldique pour lesquels il fut l'élève de son père.

En 1840, les deux frères s'associèrent pour exploiter et perfectionner l'art nouveau de Daguerre, de qui l'aîné avait reçu ses premières leçons. Ils ont concouru depuis aux principaux progrès de cet art et à ceux de la photographie. Indépendamment des vues et portraits qu'ils ont livrés au commerce, ils ont exécuté des travaux importants au point de vue de l'art et de la science, et ont été chargés de diverses publications et opérations officielles. De 1859 à 1862, M. Bisson jeune a accompli dans les hautes régions des Alpes de remarquables ascensions ; il a atteint trois fois la cime du Mont-Blanc et en a reproduit photographiquement les divers aspects. Le *Moniteur universel* a publié la relation de ces expéditions périlleuses. Les frères Bisson ont obtenu, entre autres récompenses, des médailles d'argent aux expositions nationales de 1844 et 1849, une première médaille à l'Exposition universelle de 1855 à Paris et la médaille d'honneur à celle de Londres en 1862.

Parmi leurs grandes publications on remarque : *la Galerie des représentants à l'Assemblée nationale constituante* (1848-1850), contenant 900 lithographies, d'après des portraits au daguerréotype) ; l'*OEuvre de Rembrandt*, avec Texte de M. Ch. Blanc (1852 et suiv., in-fol.) ; l'*OEuvre complet d'Albert Durer* (1853 et suiv., in-4) ; *Reproductions photographiques des plus beaux types d'architecture et de sculpture*, sous la direction de MM. Duban, de Gisors, Lefuel, Labrouste, Lassus, etc. (1853-1862), in-folio, plus de 200 planches), puis diverses séries de planches zoologiques, pathologiques, géologiques et géodésiques, soit pour des savants, soit pour le gouvernement.

BLITTERSDORF * (F.-L.-C., baron de). — Mort en avril 1861.

BOCAGE * (P.-M. Tousez, dit). — Mort le 30 août 1862.

BOCCOMINI * (P.). — Mort à Amsterdam, le 15 juillet 1860.

BONARD (Louis-Adolphe), marin français, né à Cherbourg le 27 mars 1805, élève de l'école polytechnique, entra dans la marine en 1826, en qualité d'aspirant. Enseigne de vaisseau le 19 novembre 1830, lieutenant de vaisseau le 1er janvier 1835, capitaine de frégate le 6 septembre 1842, il obtint le grade de capitaine de vaisseau le 12 juillet 1847, et fut, en cette qualité, chargé de commander la station navale de l'Océanie de 1849 à 1852. En 1853, il reçut le gouvernement de la Guyane française, qu'il exerça jusqu'en 1855. Promu au grade de contre-amiral le 7 juin 1855, il rentra en France, et remplit les fonctions de major-général à Brest de 1856 à 1858, puis il fut nommé chef des deux divisions navales des côtes occidentales de l'Amérique et de l'Océanie, et occupa ce poste jusqu'en 1860.

L'année suivante, M. Bonard reçut le commandement en chef des forces françaises en

Cochinchine où il succéda, le 29 novembre 1861, au vice-amiral Charner, rappelé en France sur sa demande. Son premier soin fut de composer, avec les régiments et les bâtiments arrivés de Chine, un petit corps de troupes solides et acclimatées, avec lesquelles il put entrer en campagne dès le 5 décembre. Le 18 du même mois, il avait pris Go-cong, détruit le camp de Mihoa, dispersé l'armée annamite du nord, et prit la ville de Bien-Hoa, chef-lieu d'une province évacuée par l'ennemi, et qu'il s'occupa aussitôt de pacifier et d'organiser. Il ne put toutefois y réussir qu'après avoir remporté une nouvelle victoire à Long-Lap le 19 janvier, pris, le 22, la ville de Phuc-To, et poursuivi les vaincus jusqu'à la province de Ben-Thuan.

Marchant ensuite contre l'armée annamite du sud, il lui fit subir le même désastre, puis couronna cette série de succès par la prise de l'importante citadelle de Vinh-Long (23 mars 1862). Cette campagne, dans laquelle il a enlevé à l'ennemi deux citadelles, trente forts et cent vingt pièces de canon, lui a valu le grade de vice-amiral (25 juin 1862). M. Bonard a été nommé commandeur de la Légion d'honneur le 9 décembre 1854.

BONNET * (G.). — Mort le 25 novembre 1861.

BONNIN * (F.-U.-S.). — Mort en mars 1862.

BORGES DE CASTRO (José-Ferreira), diplomate portugais, né le 3 octobre 1825 à Porto, et neveu du vicomte de Castro, ancien ministre des affaires étrangères au Portugal et l'un des principaux orateurs de la Chambre des pairs, entra de très-bonne heure dans les bureaux des affaires étrangères et fut successivement attaché en Russie (1841), à Berlin (1844), à Rome (1847), puis secrétaire à Madrid (1851) et chargé d'affaires à Turin (1860). De 1846 à 1847, il fut nommé lieutenant, puis capitaine au régiment d'artillerie de la Charte. Décoré de divers ordres portugais et étrangers, il est associé de l'Académie des sciences de Lisbonne. Il a publié : *Colleçao dos Tradados, Convençoes, etc., entre Portugal os outras potencias desde* 1640 (Lisbonne, 1856-1858).

BOSQUET * (P.-F.-J.). — Mort le 3 février 1861.

BOSSANGE * (A.). — Mort en janvier 1862.

BOUCICAULT (Dion), auteur dramatique et acteur anglais, né à Dublin, le 26 décembre 1822, donna sa première pièce au théâtre de Covent Garden au mois de mars 1841. En 1853, il fit un voyage aux États-Unis et y resta jusqu'en 1860. Cette même année, à son retour à Londres, il fit représenter, sur le théâtre Adelphi, *The Colleen Bawn*, pièce populaire dans laquelle il jouait lui-même, ainsi que sa femme. Cette œuvre a obtenu un étonnant succès de vogue non-seulement en Angleterre, mais en Écosse, en Irlande, et même en Amérique. Arrangée pour la scène française par M. d'Ennery, elle a été jouée à l'Ambigu sous le titre de : *le Lac de Glenaston* (17 octobre 1861). Elle a fait la fortune de son auteur, qui a pu, avec une partie des sommes provenant de ce grand succès, acheter, dans un des plus beaux faubourgs de Londres, une magnifique résidence. M. Boucicault est devenu directeur du théâtre Adelphi au mois d'octobre 1861.

Écrivain très-fécond, il n'a pas composé moins de cent quarante pièces, dont les plus connues sont : *l'Assurance à Londres*, son début en 1841 ; *Vieilles têtes et jeunes cœurs* (Old heads and young hearts) ; *l'Amour dans l'embarras* (Love

in a maze); *Ruinés* (Used up); *le Taillis des saules* (The Willow Copse); *Janet Pride; Louis XI ; les Frères corses ; Faust et Marguerite; le Vampire;* le *Demi-quarteron* [homme de sang mêlé au huitième degré] (The Octoroon, 1861).

BOYER * (F. PARTOUT, dit). — Mort dans les premiers jours de février 1862.

BRAVARD-VEYRIÈRES * (P.-C.-J.-B.). — Mort en mars 1861.

BRECKENRIDGE (John-C.), homme politique américain, du parti sécessioniste, né le 21 janvier 1821, près de Lexington dans le Kentucky, exerça d'abord la profession d'avocat dans cette ville, mais en 1847, lorsque la guerre du Mexique éclata, il entra dans l'armée et prit part à l'expédition, comme major d'un régiment de volontaires kentuckiens. Il eut l'occasion dans cette campagne de rentrer momentanément dans son rôle de défenseur, en plaidant la cause du colonel Pillow, accusé avec les généraux Worth et Scott. A la paix, il entra à la chambre des représentants du Kentucky, et en 1851, fut envoyé au Congrès. Dans cette assemblée, lors de la discussion du bill du Kansas-Nebraska, M. Breckenridge eut avec M. Cutting, député de l'État de New-York, une dispute si violente qu'elle faillit amener une rencontre.

Sous la présidence de M. Pierce, l'ambassade d'Espagne fut offerte à M. Breckenridge, qui la refusa. Il se montra plus disposé, quand M. Buchanan arriva au pouvoir, à accepter des fonctions dans le gouvernement, et, en 1856, il devint vice-président de la république par l'influence du nouveau président, qu'avait gagné son caractère aimable et insinuant. Un peu effacé dans ce poste secondaire, il n'eut point l'occasion de jouer un grand rôle politique, et il ne fallut rien moins, pour attirer l'attention sur lui, que les débats qui surgirent en 1860 pour le choix des candidats à la présidence. Ceux des démocrates étaient MM. Douglas et Breckenridge : dans l'assemblée qui eut lieu le 18 juin 1860, à Baltimore, on ne put s'entendre ; et pendant que le Nord persistait à porter M. Douglas, les électeurs du Sud réunirent leurs suffrages sur M. Breckenridge. Cette division assura l'élection, déjà probable, de M. Lincoln.

Lorsque la rupture éclata, toutes les anciennes sympathies de M. Breckenridge l'entraînaient vers la cause du Sud. Aussi, dès le 18 mars, proclamait-il publiquement que le discours d'inauguration du nouveau président lui semblait une déclaration de guerre et que la composition du cabinet indiquait également des tendances hostiles au Sud. Le 4 décembre, le Sénat prononçait son expulsion. Dans la campagne qui s'est ouverte au printemps de 1862, M. Breckenridge a été chargé d'un commandement militaire important. Le 7 avril, il était un des trois généraux séparatistes battus à Pittsburg-Landing (Alabama), dans une bataille de deux jours qui avait d'abord été une victoire. Il opéra pendant tout l'été dans la Louisiane, où il éprouva, le 5 août, un sanglant échec, en voulant s'emparer de Bâton-Rouge. Lorsque les succès de Lee et de Jackson eurent, à la fin du mois mars, rejeté Pope et Mac-Clellan de l'autre côté du Potomac, Breckenridge, dont l'armée comptait cinquante mille hommes, reprit l'offensive et menaça la Nouvelle-Orléans, où Butler prépara les troupes fédérales à une énergique défense.

BRET * (C.-W.). — Mort à Prétieux, le 15 septembre 1850.

BRETONNEAU * (P.). — Mort en février 1862. Il était commandeur de la Légion d'honneur.

BRIALMONT (Alexis), écrivain militaire belge, fils du général de ce nom, né à Venlo, dans le Limbourg, le 25 mai 1821, sortit de l'École militaire de Bruxelles, en 1843, avec le grade de sous-lieutenant. Attaché, comme officier de génie, à la direction des fortifications, il fut chargé des travaux de la ville forte de Diest. De 1847 à 1850, il fut secrétaire particulier du ministre de la guerre, le général Chazal. En 1846, il avait été mis en disponibilité pour sa résistance aux instructions catholiques du ministère de Theux. En 1855, il passa du corps du génie dans l'état-major, où il eut, en 1857, le grade de capitaine.

M. Al. Brialmont s'est fait connaître par un certain nombre d'ouvrages de tactique et d'histoire militaire, dont les plus importants ont été traduits à l'étranger. Nous citerons : *Éloge de la guerre, ou Réfutation des doctrines des Amis de la paix* (1849), sorte de pamphlet écrit à l'occasion du congrès, et dédié à l'armée ; *De la guerre, de l'armée et de la garde civique* (même année) ; *Considérations politiques et militaires sur la Belgique* (Bruxelles, 1851-52, 3 vol.) ; *Précis d'art militaire* (1844), dans la *Bibliothèque populaire* de la Société pour l'émancipation intellectuelle ; *Histoire du duc de Wellington* (1856-57, 3 vol.). Cet écrivain, qui a fourni aux *Annales des travaux publics* un article remarqué sur la construction des magasins à poudre (1849), a fondé en 1850, le *Journal de l'armée belge*.

BRODIE * (sir B. Collins). — Mort en octobre 1862.

BROWN (John), colon américain, né dans l'État de Connecticut, vers 1815, émigra, de 1852 à 1854, dans le Kansas, et s'y fit remarquer par ses opinions abolitionnistes. Il s'attira par cette conduite la haine des partisans de l'esclavage, et à plusieurs reprises ses terres furent dévastées, tandis que lui-même et les siens avaient à subir fréquemment des outrages et des violences. Après avoir lutté quelques années, il dut céder à cette persécution, et il revint habiter la ferme qu'il exploitait auparavant dans l'État de New-York. Entraîné de plus en plus par ses convictions philanthropiques, il essaya, avec plus de générosité que de prudence, d'attaquer par la force ouverte l'institution de l'esclavage. Le 16 octobre 1859, à la tête d'une vingtaine d'hommes, au nombre desquels étaient ses deux fils, il s'empara de l'arsenal d'Harper's-Ferry, en Virginie, et appela les esclaves aux armes. Mais sa voix trouva peu d'écho chez ces hommes pris au dépourvu ou trop indolents pour s'insurger, et le 18 octobre, John Brown fut attaqué par une troupe nombreuse. Il se défendit avec un courage opiniâtre et vit tomber à ses côtés ses deux fils et la plupart de ses compagnons ; enfin lui-même fut blessé et pris. Traduit devant les tribunaux comme coupable de trahison, de meurtre et de tentative de soulèvement parmi les esclaves, il fut condamné à être pendu. Cet arrêt, qui excita la plus grande fermentation dans les esprits, fut exécuté le 2 décembre 1859. John Brown mourut avec une fermeté stoïque. Les événements qui se sont produits depuis ont donné au nom de ce malheureux abolitionniste une grande popularité. En Europe, on l'a connu surtout par la publication d'un dessin de M. Victor Hugo, qui le représente suspendu au gibet ; en Amérique, son nom figure naturellement dans les chants de guerre composés par les gens exaltés du Nord, qui le regardent comme un martyr.

BROWNING * (E. Barrett, mistress). — Mort en 1861. Aux ouvrages que nous avons cités d'elle il faut ajouter : *The Seraphins*, poème qui participe de l'ancienne tragédie grecque et du mystère chrétien ; *Aurora Leigh* (1856) ; *Poems before Congress* (1860) ; de nombreux articles sur les poètes grecs chrétiens, etc.

BUCKINGHAM * (R.-P. Temple Nugent Brydges Chandos Grenville, 2e duc de). — Mort en juillet 1861.

BUCKSTONE (John-Baldwin), auteur dramatique et acteur anglais, né aux environs de Londres, en 1802, se destina d'abord à la marine, puis entra dans une étude d'avoué, et enfin, à dix-neuf ans, se décida à suivre la carrière du théâtre. Ce fut le hasard qui lui révéla sa vocation : un acteur manquant à une troupe de comédiens ambulants qui se trouvaient à Vokingham, le clerc d'avoué le remplaça avec succès. Peu après, il s'engagea avec un des amis qui exploitait les théâtres de Faversham, Folkestone et Hastings ; reçut les encouragements du célèbre Edmond Kean. Resté en province jusqu'en 1824, il débuta à Londres au théâtre de Surrey, avec un succès qui lui valut bientôt de nouveaux engagements. En 1828, il entra au théâtre Adelphi et se lia, par l'entremise du directeur, D. Terry, avec sir Walter Scott. Malgré les travaux de sa profession, il trouvait encore le temps d'écrire des pièces pour le théâtre de Haymarket, où il fut bientôt engagé comme acteur principal. Il n'a quitté cette scène, depuis 1837, que pour faire un voyage aux États-Unis, puis pour paraître au Lyceum et à Drury-Lane, où le liaient deux engagements de courte durée. Il devint ensuite directeur du théâtre de Haymarket, où l'empêche ni d'écrire, ni de jouer dans ses pièces ; il a même accepté, en outre, la charge d'administrateur et trésorier de la Caisse générale des théâtres, et il est un des trésoriers honoraires de la Caisse pour fonder une École dramatique.

M. Buckstone a écrit plus de cent cinquante pièces, drames, farces ou comédies. Nous nous bornons à indiquer les plus populaires : *Luke le laboureur* ; *le Navire à la côte* (The Wreck ashore) ; *Victorine* ; *le Roi des Alpes*, imité de l'allemand ; *le Débauché et son élève* (The Rake and his pupil) ; *la Reine de mai* (The May queen) ; *Henriette la délaissée* ; *Isabelle ou la Vie d'une femme* ; *le Songe à la mer* (The dream at Sea) ; *Un Mari à vue* (A husband at Sight) ; *John Jones* ; *l'Oncle Jean* ; *Arrières-Pensées* (Second Thoughts) ; *Vie mariée* ; *Vie célibataire* ; *Leçon pour les Dames* ; *Nicolas Ham* ; *Bonheur des champs* ; *Côtés faibles* (Weak Points) ; *le Lion irlandais* ; *Année bissextile ou le Privilége des Dames* (Leap-Year or the Ladies privilege) ; *Un Sacrifice alarmant* ; *Propre à rien* ; *les Verts Buissons* (The Green Bushes) ; *les Fleurs de la Forêt* (Flowers of the Forest) ; etc.

BUREN * (M. Van). — Mort le 25 juillet 1862.

BURNSIDE (Ambrose-Everett), général américain fédéral, né à Liberty (Indiana), le 23 mai 1824, entra à dix-huit ans à l'école de West-Point, servit successivement comme lieutenant dans le 2e et le 3e régiment d'artillerie, prit part à la guerre du Mexique, et fut, à la conclusion de la paix, envoyé au fort Adams, dans la rade de Newport. En 1849, il servit avec distinction sur les frontières du nouveau Mexique, comme 1er lieutenant dans la batterie du capitaine Bragg ; puis il fut nommé quartier-maître dans la commission chargée de fixer les limites entre les

États-Unis et le Mexique. En 1852, il quitta le service pour se livrer à la fabrication de fusils de son invention qui se chargeaient par la culasse. Il s'établit à Bristol, mais son entreprise ayant échoué, il se rendit à Chicago, où il entra comme caissier dans le bureau de la compagnie du chemin de fer central de l'Illinois. Il y connut le général Mac-Clellan, qui était alors surintendant général de la société, et qui en devint bientôt vice-président. Après être resté deux ans caissier, il était trésorier de la société et s'était fixé à New-York, lorsque la guerre civile éclata.

Le gouverneur Sprague ayant offert, par le télégraphe, à M. Burnside le commandement du 1er régiment de Rhode-Island, fort de 1000 hommes, qui venait d'être levé, il accepta immédiatement, alla à Providence, le jour même, pour se faire reconnaître de ses soldats, et les conduisit à Washington, où ce régiment fut un des premiers prêts à entrer en campagne. Quelque temps après, il livrait le combat de Stone-Bridge, et à la suite de cette affaire, le gouvernement fédéral le nomma brigadier général de volontaires, le 6 août 1861. Lorsque le général Mac-Clellan eut reçu le commandement supérieur de toutes les forces fédérales, il n'oublia point son ancien collègue de Chicago, dont il connaissait l'aptitude militaire, et il l'appela à diriger, en plein hiver, l'expédition envoyée dans la baie de Pamliko, et composée des trois brigades Reno, Parke et Forster. Le 7 février 1862, Burnside attaqua l'île Roanoke, et il la prit le lendemain. Le 18 février, il adressa aux Caroliniens du Nord une proclamation pour les inviter à rentrer dans l'Union. Le 25 avril, il s'empara du fort Macon.

Au mois d'août, il opérait pour rallier Pope et Mac-Clellan qui, comme lui, avaient Richemond pour objectif, lorsque les défaites de ces généraux et leur retraite signalée par tant de sanglants combats, vinrent arrêter sa marche. Il ne s'agissait plus d'attaquer Richemond, mais de défendre Washington, car le Potomac était franchi, et les forces de Lee et de Stonewall Jackson envahissaient le Maryland. Burnside fut appelé alors à remplacer le général Pope à la tête de l'armée de Virginie, qui n'avait plus confiance en un chef si souvent malheureux : aussitôt, de concert avec Mac-Clellan, il organisa, avec l'élite des régiments vaincus, une nouvelle armée, et deux semaines à peine s'étaient écoulées, quand les deux généraux fédéraux arrêtaient l'ennemi à Hagerstown, dans une bataille de deux jours, où la victoire leur resta (14 et 15 septembre 1862). Les confédérés ayant voulu résister encore les jours suivants, furent enfin rejetés au delà du Potomac, après les batailles de Sharpsburg et d'Antiétam (16 et 17 septembre). A Sharpsburg, Burnside, chargé du commandement de l'aile gauche, livra, depuis le matin jusqu'au soir, un combat acharné : il ne put avancer, mais il maintint toutes ses positions, pendant que l'ennemi était battu par Mac-Clellan et Hooker. Il occupait avec son corps d'armée l'importante position d'Harpers-Ferry, lorsqu'il fut appelé à remplacer Mac-Clellan à la tête de l'armée du Potomac (7 novembre).

BUTLER (Benjamin-F...), général américain fédéral, né vers 1819, dans le New-Hampshire, quitta son pays natal pour aller exercer dans le Massachussets la profession de jurisconsulte, dans laquelle il obtint bientôt une réputation méritée. Au début de la guerre civile, il ne possédait d'autres connaissances militaires que celles qu'il avait pu acquérir dans les campements et exercices périodiques de la milice de Massachussets. Il ne montra cependant aucune hésitation dans le commandement des troupes de cet État, qu'il exerça dès l'ouverture des hostilités. Le 8 mai, il entra à Baltimore, et le 15 il mit la ville en état de siège pour réprimer toute tentative de séparation. Sa conduite hardie et résolue lui valut le grade de major-général et le commandement du département de la Virginie. Par suite du plan d'attaque adopté d'abord par le général Scott, il prit position au sud-est au fort Monroë, en face de Norfolk, pour s'emparer de New-Point, qui commande l'embouchure de la rivière James, route maritime de Richemond. Il y fut bientôt rejoint par une multitude d'esclaves fugitifs, qui n'auraient pas tardé à devenir un embarras, si l'on n'avait eu l'idée de les employer aux travaux de défense. Au mois de juin, les troupes fédérales essayèrent d'emporter les batteries ennemies établies à Great-Bethel, dans la presqu'île qui s'étend en arrière du fort Monroë, mais l'attaque ne réussit pas. Quelques semaines plus tard, le général Butler fut remplacé par le général Wool et appelé à un nouveau commandement.

Le 26 août, il quittait le fort Monroë avec une flotille composée de quatre frégates, deux canonnières et quelques autres bâtiments, qui portaient 4000 hommes et 100 · canons : le but de l'expédition était inconnu. On ne tarda pas à avoir le mot de l'énigme : le gouvernement fédéral voulait prendre sa revanche de Bull's-run, et tirer parti de sa puissante marine ; le succès répondit à ses espérances. Le 27 août, le général Butler débarquait au cap Hatteras, et s'emparait de la passe ; le lendemain il forçait les deux forts qui la défendaient à se rendre sans condition, et les détruisait : 1000 fusils, 750 prisonniers, et 25 pièces de canon étaient le fruit de sa victoire : de plus le blocus devenait plus rigoureux et, sur les côtes de la Caroline du Nord, cette expédition effrayait les sécessionistes et rassurait le parti de l'Union. Elle avait trop bien réussi pour n'en pas provoquer une seconde, et au mois d'octobre, le général Butler fit encore partie, mais cette fois à un rang secondaire, de l'armée de 35 000 hommes qui, sous les ordres de Sherman, devait, en ouvrant les ports de Beaufort, Charleston, Savannah, rendre possible l'exportation du coton. Le 7 décembre, Butler attaqua et prit inopinément Port-Royal, et il fit preuve dans cette circonstance, comme toujours, de hardiesse et de décision.

Dans la campagne de 1862, le général Butler passa à la Nouvelle-Orléans. Cette ville, avec tous ses forts, s'était rendue au commodore Ferragut le 26 avril. Butler y arriva le 27, y fit entrer ses troupes le 1er mai, et publia le même jour une proclamation mettant la ville et ses dépendances en état de siège, maintenait la légion européenne, ordonnait la réouverture des magasins et des lieux publics, prohibait tout signe de ralliement illégal, et rétablissait les lois de l'Union. Il paraît toutefois que son autorité ne s'exerça pas sans conteste : ainsi les insultes prodiguées, à ce qu'il paraît, aux fédéraux par les dames de la Nouvelle-Orléans, auraient provoqué le 15 mai une fameuse proclamation dans laquelle l'irascible général déclarait qu'à l'avenir les personnes qui se rendraient coupables de ces insultes seraient considérées comme prostituées et traitées en conséquence. Il a dû aussi, au mois d'août, frapper la ville d'une contribution forcée de 300 000 dollars, destinée aux pauvres. Sa conduite est fort diversement appréciée : on ne peut nier qu'il n'apporte dans ses actes beaucoup d'originalité et même une brusquerie qui est peut-être une conséquence de sa position; car il est démocrate et fort peu ennemi de l'esclavage.

BUVIGNIER * (E.-J.). — Mort le 12 novembre 1860.

C

CADET-GASSICOURT * (C.-L.-F.). — Mort en décembre 1861.

CAHEN * (S.). — Mort le 8 janvier 1862.

CALDÉRON-COLLANTÈS (Saturnino), homme politique espagnol, né à Reinosa (prov. de Santander), vers la fin du dernier siècle, et fils d'un magistrat qui devint plus tard chef politique de Logroño et de Palencia, était encore sur les bancs de l'Université de Valladolid, lorsqu'il fut député aux Cortès de 1820. Il prit, à l'exemple de son père, part aux événements militaires et politiques qui suivirent, et eut à souffrir du triomphe de la réaction. Après la mort de Ferdinand VII, il fut renvoyé plusieurs fois aux Cortès par la province d'Orense, et se signala par son activité et par ses discours en faveur des principes constitutionnels. Nommé ministre de l'intérieur, il eut à diriger, après la dissolution des Cortès, les opérations électorales au milieu de l'opposition impérieuse du général Espartero (Voy. ce nom), et fit obtenir au gouvernement une majorité considérable. Il se retira avec Narvaez, pour ne pas souscrire aux exigences d'Espartero dans l'affaire Linage. Depuis, M. Caldéron-Collantès n'a cessé d'appartenir aux grands corps politiques de son pays, au Sénat, au Conseil royal, au tribunal du contentieux, etc., et a occupé dans plusieurs cabinets, sous la présidence de Narvaez ou d'O'Donnell, divers portefeuilles. Appelé enfin, dans le ministère du 1er juillet 1858, au département des affaires étrangères, il a su, pendant la guerre avec le Maroc, apaiser les ombrages de l'Angleterre et augmenter l'importance des relations diplomatiques de l'Espagne avec les autres puissances.

CALLERY * (J.-M.). — Mort en juin 1862.

CAMERON (Simon), homme d'État américain, originaire de la Pensylvanie, est né en 1792. Privé de son père dès l'âge le plus tendre, il se trouva forcé de pourvoir à ses besoins lorsqu'il n'était encore qu'un enfant. En 1816, il entra à Harrisburg dans une imprimerie, vint ensuite à Washington où il fut employé comme compositeur dans un journal, puis, grâce à ses constants efforts pour améliorer sa position, obtint en 1832 le poste d'inspecteur à West-Point. Pendant les années suivantes, il s'occupa activement d'affaires de banque et de chemins de fer. En 1845, la Pensylvanie l'envoya au Sénat, où il se montra républicain conservateur. A l'avénement du président Lincoln (mars 1861), il entra dans le nouveau cabinet, comme ministre de la guerre, et n'hésita pas à proposer des mesures énergiques. Il fut un de ceux qui voulaient, dès l'ouverture des hostilités, affranchir les noirs et les armer. Les autres ministres n'ayant point voulu partager ses propositions d'abolition immédiate, il fut forcé de se retirer et remplacé par M. Staunton, à la fin de l'année 1861. Le 17 janvier suivant, le Sénat le nomma ambassadeur des États-Unis à la cour de Russie, mais avant son départ, il fut arrêté à Philadelphie, sur la plainte de M. Pierce Butler, qui l'accusait d'arrestation illégale. Peu après, le Congrès émettait un vote de censure contre sa conduite à propos de sa conclusion des marchés de l'armée. Depuis quelque temps déjà, on avait fait circuler des bruits fâcheux sur son compte. Mais, considérant ces tracasseries comme dictées par l'esprit de parti, le président Lincoln prit la défense de M. Cameron, et dans un message (26 mai 1862), où il assumait la responsabilité de tous ses actes, le déclara déchargé de tout blâme, erreur ou illégalité.

CAMINADE * (A.-F.). — Mort en mai 1862.

CAMPBELL * (J.-C.). — Mort le 22 juin 1861. Il avait été lord chancelier d'Angleterre en 1859. Il a laissé une des fortunes les plus considérables de l'Angleterre.

CAMPBELL (John), écrivain et journaliste anglais, né dans le comté de Forfar, vers la fin du siècle dernier, passa d'abord quelque temps dans les affaires, puis, à l'âge de vingt ans, reprit ses études, qu'il termina à l'Université de Glasgow. Il entra ensuite au collège de théologie de la communion indépendante, et fut ordonné ministre en 1829. Il remplit ces fonctions pendant une vingtaine d'années, mais il fut forcé, par la faiblesse de sa santé, de se vouer uniquement à la littérature. Il s'occupa donc de publications religieuses. En 1844, il fonda The Christian Witness, et deux ans plus tard, The Christian's Penny Magazine. En 1849, il créa le British Banner, grand journal hebdomadaire rédigé d'après les principes du christianisme et qui resta neuf ans sous sa direction. Il fonda encore un autre journal du même genre, le British Standard, et une feuille populaire à bon marché, le British Ensign. Toutes ces publications ont obtenu un grand succès.

En 1839, le docteur Campbell attaqua vivement dans les journaux le monopole de l'impression de la Bible attribué aux imprimeurs de la Reine : cette polémique, qui eut pour résultat une très-forte diminution dans les prix des Écritures saintes a été ensuite publiée en volume.

Le docteur Campbell a écrit en outre de nombreux ouvrages, surtout avant d'entrer dans le journalisme; on cite : Maritime Discovery and Christian Missions; Jethro; The Martyr of Erromanga, or Philosophy of Missions; Life of David Nasmyth, Founder of City Missions; Review of the life, character, Eloquence and Works of John Angel James; Popery and Puseyism; Letters to his Royal Higness the Prince Consort (1861).

Dans tous ses ouvrages, M. Campbell s'est montré constamment l'adversaire du catholicisme, du rationalisme, de la théologie allemande et du néologisme; il a reçu en 1841 le diplôme de docteur de l'Université de Saint-André.

CANNING * (C.-J. CANNING, 1er vicomte). — Mort le 17 juin 1859. En avril 1859, le Parlement lui avait, à l'unanimité, voté des remerciements pour sa conduite dans la révolte de l'Inde. Il fut ensuite nommé grand-croix de l'ordre du Bain et c'est là qu'il contracta dans l'Inde la maladie dont il est mort deux mois après son retour, et à laquelle avait déjà succombé sa femme, en novembre 1861, à Calcutta. Il ne laisse pas d'enfants.

CARRERA (Rafael), président de la république de Guatemala, né dans la ville de ce nom, en 1814, est le fils d'un Indien et d'une négresse. Il passa son enfance dans la condition la plus humble, et se fit connaître pour la première fois dans une insurrection qui éclata en 1837 contre le gouvernement fédéral. Carrera devint bientôt le chef de la révolte et, après une lutte de deux ans, aidé d'ailleurs par les gouvernements de Nicaragua et de Honduras, il se trouva assez fort pour s'emparer du pouvoir (1839) ; l'année suivante, la défaite du général Morasan assura son triomphe. Élu président, il donna en 1847 au Guatemala le titre de république indépendante, et a toujours, depuis cette époque, exercé l'autorité, soit comme président, soit comme général en chef.

Le général Carrera, homme actif et énergique, ne savait pas lire, dit-on, lors de son élection à la présidence; mais il s'est efforcé d'acquérir une partie de l'instruction qui lui manquait. Il a été lié dans sa vie avec des hommes de tous les partis. Sa politique est conservatrice ; il paraît laisser le gouvernement à ses ministres et subit très-volontiers l'influence du gouvernement anglais qui a su se l'attacher en le comblant de prévenances. En 1861, le président Carrera est intervenu avec succès pour terminer un conflit qui s'était élevé dans le Honduras, entre l'autorité ecclésiastique et le président Guardiola qui venait de reconnaître la liberté des cultes.

CARRETTO* (F.-X., marquis DEL). — Mort en 1862.

CASTELLANE* (E.-V.-E.-B., comte DE).—Mort le 16 septembre 1862.

CASTELLANE * (L.-J.-A.-J., comte DE).— Mort en 1861.

CASTELLI* (J.-F.).— Mort le 5 février 1862.

CASTELLO BRANCO (Camille), romancier portugais, né dans une province du nord, vers 1825, a donné depuis douze ans des ouvrages nombreux : *Agostinho de Ceuta* (1 vol.), *Anathema* (1 vol.), *Cartota Angela* (2 vol.), *Duas epochas da vida* (1 vol.), *Duas horas de leitura* (1 vol.), *Espinhos e flores* (1 vol.), *a Filha do arcediago* (1 vol.), *Folhas cassidas apanhadas na lama* (1 vol.), *Hosanna!* (1 vol.), *Justiça* (1 vol.), *Laguinas abençoadas* (1 vol.), *Livro negro* (1 vol.), *Mysterios de Lisboa* (2 vol.), *Marquez de Torres Novas* (1 vol.), *Nela do Arcediago* (1 vol.), *Onde esta a felicidade?* (1 vol.), *Purgatorio e Paraizo* (1 vol.), *O que Fazem mulheres* (1 vol.), *Scenas da Foz* (1 vol.), *Scenas contemporaneas* (1 vol.), *Um livro* (1 vol.), *Um homen de brios* (1 vol.), *Ningança* (1 vol.), *O Ultimo acto*, drame, etc. Il a traduit de Chateaubriand *le Génie du Christianisme* (2 vol.), etc.

CASY* (J.-G.). — Mort le 19 février 1862.

CATAFAGO (Joseph), orientaliste français, d'origine corse, né à Alep (Syrie) en 1821, se livra de bonne heure à l'étude de l'arabe et fut nommé en 1840 secrétaire interprète de Soliman-pacha, major général de l'armée égyptienne en Syrie. Il devint ensuite chancelier interprète du consulat général de Prusse, à Beyrouth. Huit ans après, il passa au service de la Russie, comme secrétaire interprète du consulat de cette puissance dans la même ville. En 1855, il se rendit à Londres où il publia un premier *Dictionnaire arabe-anglais et anglais-arabe* (2 vol. in-8). Depuis, M. Catafago a entrepris d'autres publications de même nature, mais plus étendues, notamment : *Dictionnaire anglais-arabe* (2 vol. in-4): *Dictionnaire français-arabe* (Paris, in-4) en cours de publication. Il prépare, dit-on, d'autres dictionnaires, combinant l'arabe avec diverses autres langues, telles que le latin, l'allemand, le russe, etc.

CATARDJI (Barbo), homme d'État valaque, né vers 1812, d'une famille phanariote, dirigea d'abord pendant quelque temps le journal *le Conservateur progressiste*, écrivit une brochure sur *l'État social des principautés danubiennes*, et se montra, dans sa conduite politique, un des principaux chefs de la droite dans l'assemblée des principautés unies, il accepta une première fois (mai 1861) le ministère de l'intérieur et la présidence du conseil en Valachie, prit pour base de son programme la légalité, et abrogea l'ordonnance qui suspendait la liberté de la presse; mais ce ministère ne dura que quelques jours. L'année suivante (février 1862), M. Catardji revint au ministère de l'intérieur et à la présidence du conseil, et il se fit remarquer, dans ces hautes fonctions par un patriotisme égal à son talent. Le 20 juin 1862, il sortait de l'assemblée où il venait de remporter un triomphe oratoire en flétrissant l'attentat commis quatorze ans auparavant, à pareil jour, sur le chef de l'État, lorsqu'il tomba lui-même frappé de deux coups de pistolet par un inconnu qu'on ne put arrêter. M. Catardji a laissé une fille unique mariée à M. Béclard, diplomate français.

CAUCHOIS-LEMAIRE* (L.-A.-F.). — Mort le 9 août.

CAUMONT (Aldrick-Isidore-Ferdinand), avocat et jurisconsulte français, est né à Saint-Vincent-Cramesnil (Seine-Inférieure), le 15 mai 1825. D'une famille très-pauvre, il parvint au milieu des plus grandes privations à faire ses premières études, et put venir suivre à Paris les cours de l'école de droit. Reçu avocat, il alla se faire inscrire au barreau du Havre, où il s'occupa spécialement d'affaires de droit maritime, et fut chargé d'une chaire de droit commercial maritime à l'hôtel de ville.

M. A. Caumont a surtout appelé l'attention sur lui par ses ouvrages de jurisprudence nautique dont le principal est *Dictionnaire universel de droit commercial maritime ou Répertoire méthodique et alphabétique de législation, doctrine et jurisprudence nautique*, etc. (1855-1858; gr. in-8, à 2 col.). Il a publié en outre : *Institution du crédit sur marchandises ou le Commerce du monde d'après les travaux législatifs et les règlements d'administration publique sur les Warrants*, etc. (1859, in-8) ; *De l'extinction des procès ou l'amiable composition*, etc. (1860, in-8); *Revue critique de jurisprudence maritime* (1861, broch. in-8); *Plan de Dieu ou Physiologie du travail* (1862, broch. in-8), sorte de dithyrambe philosophique et mystique en l'honneur du travail; *Étude sur la vie et les travaux de Grotius ou le Droit naturel et le Droit international* (1862, in-8), couronnée par l'Académie de Toulouse.

CAUSSIDIÈRE.* (M.).— Mort le 27 janvier 1861, à Paris, où il était revenu depuis quelques jours seulement.

CAVOUR (Camile-Paul-Philippe-Jules Benso, comte DE). — Mort le 6 juin 1861. A la fin de l'année 1860, grâce à l'habileté de M. de Cavour et à l'heureuse audace de Garibaldi, la péninsule était réunie, à l'exception de Rome, de Venise et de Gaëte, sous le sceptre de Victor-Emmanuel. Satisfait des résultats si rapidement obtenus, M. de Cavour crut devoir arrêter momentanément l'élan national, pour rassurer l'Europe, et il s'occupa plutôt d'organisation intérieure que d'agrandissement. Il appliqua d'abord le statut piémontais à Naples et à Palerme, prononça la dissolution de l'ancien parlement qui ne représentait plus que d'une façon incomplète l'Italie nouvelle, et convoqua les électeurs. En même temps il compléta le sénat en y adjoignant soixante nouveaux membres. Pour assurer le maintien de l'ordre dans les provinces méridionales, il nomma le prince de Carignan lieutenant du roi à Naples, avec M. Nigra pour secrétaire, et il confia le gouvernement de Palerme à M. Michel Amari.

A l'ouverture du parlement, qui proclama Victor-Emmanuel, roi d'Italie, M. de Cavour et ses collègues donnèrent leur démission (19 mars), afin que le roi pût choisir parmi les députés nouveaux des ministres appartenant à toutes les parties de l'Italie. Mais il fut chargé lui-même de réorganiser le cabinet, à la tête duquel il resta comme président du conseil des ministres, avec le portefeuille de la marine et celui des affaires étrangères. Dès les premières séances du parlement, il eut à lutter, non-seulement contre les hommes les plus énergiques du parti d'action qui voulaient précipiter le mouvement, mais encore contre Garibaldi lui-même, qui demandait d'une façon presque impérieuse l'armement général de la nation et l'achèvement immédiat de l'affranchissement de l'Italie. Avec une admirable fermeté, M. de Cavour tint tête à l'orage, il fit prévaloir ses idées de modération et de prudence, mais il fallut l'intervention du roi lui-même pour amener entre le premier ministre et le général Garibaldi une explication franche qui les réconcilia.

Il ne restait plus qu'à organiser les provinces annexées : M. de Cavour se mit à l'œuvre avec ardeur. Il n'avait envoyé le prince de Carignan à Naples qu'en vue des élections; quand elles furent terminées, il le remplaça par M. de San-Martino et envoya le général della Rovere en Sicile, il chargea M. Bastoggi d'unifier la dette italienne, et de préparer le projet d'établissement d'un grand livre de la dette publique. En même temps, il continua d'augmenter et de régulariser l'armée, reconnut les grades des principaux officiers de Garibaldi, et fit préparer un projet de chemin de fer pour relier Turin à Naples et à Rome. Le 2 juin, l'Italie entière célébra, pour la première fois, la fête nationale du nouveau royaume : dans quelques endroits, le clergé refusa de s'y associer, mais M. de Cavour, avec sa modération ordinaire, ferma les yeux sur ces velléités d'opposition. Ce jour-là même, il tomba malade, et ce fut à cette fête dont il était si digne d'être le héros : le 6, au matin, il succombait à une fièvre pernicieuse. Parmi les publications qui ont eu lieu sur cet homme d'État après sa mort, nous citerons : OEuvre parlementaire du comte de Cavour, traduite et annotée par J. Artom et Albert Blanc (Paris, 1862 ; 1 vol. in-8). Lettres inédites du comte de Cavour au commandeur Urbain Rataxzi, traduites en français et précédées d'une Étude, etc., par M. Charles de la Varenne, (Paris 1862 ; 1 vol. in-18 jésus).

CAWDOR* (J.-F.-C.). — Mort le 7 novembre 1860.

CHAILLU (Paul-B. du), voyageur français d'origine, mais naturalisé à New-York sous le nom de Chaylion, né vers les premières années de ce siècle, est le fils d'un agent consulaire, qui s'occupait en même temps de commerce, vers l'embouchure de la rivière Gabon. Il fut élevé dans un des établissements que les Jésuites avaient formé dans ce pays. Le jeune du Chaillu se familiarisa de bonne heure avec les tribus voisines, réunit des informations, fit provision de vivres, de médicaments, d'armes et de présents, puis vers la fin de 1855 entreprit, dans l'intérêt de l'histoire naturelle, un des plus curieux voyages qu'on ait jamais faits. Il a parcouru pendant quatre années l'intérieur du continent africain, sous l'équateur, et y a découvert, dans une région couverte d'épaisses forêts, une chaîne de montagnes élevées, courant de l'E. à l'O., et dont un pic atteint, d'après ses calculs, la hauteur de 12 000 pieds. Suivant lui, c'est dans ces montagnes que prennent leur source les quatre grands fleuves de l'Afrique : le Nil, le Niger, le Zambèze et le Zaïre ou Congo. Il a tué et rapporté plusieurs de ces singes gigantesques qu'on appelle gorilles, et une grande variété d'oiseaux d'espèces inconnues. Cette collection a été achetée par le Musée britannique. M. du Chaillu a aussi rencontré les Fans, tribu inconnue de cannibales qui pourtant ne sont pas absolument dépourvus de civilisation. En 1861, il a publié ses Explorations et Aventures, et une carte du pays découvert par lui.

CHAMPION (Maurice), homme de lettres français, né à Paris, le 29 mars 1824, devint, avant même d'avoir fini ses classes, secrétaire de M. Capefigue, et coopéra pendant près de dix ans aux nombreuses productions historiques de ce fécond écrivain. En 1847, il entra dans l'administration du chemin de fer d'Orléans, où il est devenu sous-chef du secrétariat général. Il ne cessa de s'occuper avec prédilection de recherches savantes et de travaux littéraires, dans lesquels il avait débuté, en 1845, par un mémoire pour le concours de l'Académie des inscriptions, sur ce sujet : Examen critique des historiens de Constantin le Grand, comparés aux divers monuments de son règne ; il obtint une mention à ce concours, où le prix ne fut pas décerné.

Le principal travail de M. Champion a pour titre : les Inondations en France depuis le VIᵉ siècle jusqu'à nos jours. Recherches et documents contenant les relations contemporaines, les actes administratifs, les pièces officielles de toutes les époques, avec détails historiques, etc. (1858-62), in-8, t. I-IV. — Le t. V et dernier, sous presse), ouvrage considérable dont les deux premiers volumes ont obtenu une mention très-honorable de l'Institut en 1858 et un rappel en 1862. Il a publié en outre : Mémoire autographe de M. de Barentin, sur les derniers conseils du roi Louis XIV, pub. (1844, in-8); Frédéric Soulié, sa vie et ses ouvrages (1847, broch. in-16); la Fin du monde et les comètes (1859, in-16); etc. Il a en outre collaboré à la Biographie universelle de Michaud, au Dictionnaire des Contemporains, à la Biographie générale de Didot, au Bulletin de la Société des gens de lettres, dont M. Champion est membre depuis 1846.

CHARLES* (Fr.-A.-G.), ex-duc de Brunswick. — Est né en 1804.

CHARRIÉ* (M.-E.). — Mort à Sardriac, le 20 octobre 1860.

CHASE (Samuel-P.), ministre des finances du gouvernement fédéral américain, né en 1808, à Washington, dans l'Ohio, se livra à l'étude du droit, et entra vers 1825 au barreau de Cincinnati. Sa réputation d'avocat le porta au Sénat, et il fut deux fois nommé gouverneur de l'Ohio. A son avénement au pouvoir, le président Lincoln l'appela au ministère des finances, et le Sénat de Washington confirma cette nomination quelques jours après. M. Chase appartient au parti qui veut affranchir et armer les noirs.

CHAUDRUC DE CRAZANNES* (J.-M.-C.-A., baron). — Mort en 1862.

CHELARD* (H.-A.-J.-B.). — Mort en 1861.

CHÉRI* (R.-M. CIZOS, dite ROSE). — Morte du croup, en septembre 1861, en soignant ses enfants atteints de cette maladie. Les circonstances mêmes de cette mort ont excité, dans la presse et dans le monde, une sympathie générale.

CHESNEL DE LA CHARBOUCLAIS* (L.-P.-F.-A., marquis DE). — Mort en octobre 1862.

CHEVALIER (Charles-Louis), ingénieur opticien français, né à Paris, le 18 avril 1804, fils et petit-fils d'ingénieurs connus à Paris depuis le milieu du dernier siècle, étudia de bonne heure les sciences physiques, particulièrement l'optique, et appliqua dès l'âge de quinze ans à la chambre obscure le prisme ménisque. Associé d'abord avec son père, Vincent Chevalier, il s'en sépara en 1832. En relations avec des savants célèbres, il se signala par des inventions ou des perfectionnements. Parmi les premiers on cite un nouveau doublet microscopique, un certain nombre de formes de microscopes spéciaux, le calcographe, la lunette mégamétrique, l'objectif double ou à verres combinés, adopté pour la photographie, un télescope à double objectif et à oculaire formé d'un microscope composé achromatique, une machine pneumatique à mouvement continu, le baromètre à viseurs, le mégascope réfracteur pour l'agrandissement des images photographiques, etc., etc. C'est M. Charles Chevalier qui mit en rapport Niepce et Daguerre, et qui fit la première épreuve photographique après la publication des procédés des inventeurs. Il s'est efforcé de contribuer à l'avancement de la photographie, par la construction d'instruments nouveaux ou par des applications des sciences physiques et chimiques. Il a formé beaucoup d'élèves, et a obtenu lui-même, pour ses inventions, cinq médailles de la Société d'encouragement, cinq médailles d'or aux expositions nationales de l'industrie et une médaille de 1re classe à l'Exposition universelle de 1855. M. Charles Chevalier est mort à Paris, le 21 novembre 1859.

Il a publié, à part les cinq Catalogues illustrés de sa maison : Notices sur la chambre claire et la chambre obscure (1828-1839) ; Des microscopes et de leur usage (1839, 5 pl.) ; Manuel des myopes et des presbytes (1841) ; divers écrits étendus sur la photographie (1841-1859) ; Manuel du physicien préparateur (1853, 2 vol. Atlas de 800 fig.), avec le docteur J. Fau ; diverses traductions, etc. — Son fils Arthur CHEVALIER, né en 1830 et associé de bonne heure aux travaux de son père, lui a succédé en 1859. Il a lui-même écrit plusieurs mémoires sur la photographie et une Hygiène de la vue (1861, in-18, avec gravures ; 2e édit., 1862) ; il annonce un Traité complet de photographie.

CHIGI (N....), prélat italien, né à Rome, le 3 mai 1810, appartient à une famille qui a donné à l'Église plusieurs cardinaux, et notamment ce Flavio Chigi, envoyé à Paris en 1664 pour offrir la réparation de l'insulte faite par la garde corse au duc de Créqui, ambassadeur de France. Il n'entra dans les ordres qu'assez tard, fut désigné par le Saint-Père pour assister au couronnement de l'Empereur Alexandre II, et reçut à cette occasion le titre d'archevêque de Mira. Peu après, il remplaça Mgr de Lucca comme nonce apostolique en Bavière, et en cette qualité assista à Munich à l'assemblée générale des diverses associations catholiques allemandes, auxquelles il fut chargé de transmettre les félicitations du Saint-Siège pour cette réunion. Vers le mois de septembre 1861, il fut désigné pour venir remplacer à Paris Mgr Sacconi, et il fut reçu en audience solennelle par l'Empereur le 23 janvier

1862. Mgr Chigi passe pour un prélat plein de tact et de prudence, aux manières nobles et agréables, et les différents postes qui lui ont été confiés jusqu'à présent justifient cette réputation.

CHINE (Empereur de). — Voy. TOUNG-TCHI.

CHOLAT* (F.-J.-E.). — Mort le 13 février 1861.

CHRISTMAS (Henry), professeur et savant anglais, né à Londres en 1811, entra dans les ordres en 1837, exerça son ministère pendant quelques années, puis devint bibliothécaire et secrétaire au Collége de Sion (1841-1848). Il a été secrétaire de la Société de numismatique, de 1844 à 1847, et en 1854 il a été nommé professeur d'histoire anglaise et d'archéologie à la Société royale de littérature. De plus il est membre de la Société impériale des antiquaires de la marine et de l'Académie royale d'histoire de Madrid.

M. Christmas est un des plus ardents adversaires de la peine de mort : une brochure, qu'il a écrite dans ce sens, a obtenu le plus grand succès. Il a publié en outre : Mythologie universelle (Universal mythology) ; Côtes et îles de la Méditerranée (Shores and Islands of the Mediterranean) ; Hommes d'État chrétiens (Christian Politics) ; Prédication et Prédicateurs (Preachers and preaching). On a de lui plusieurs traductions : celles des Méditations poétiques, de Lamartine ; du Monde fantôme, de Calmet ; de la République des fous, de Wieland, et d'une partie de la Lusiade, de Camoens. Enfin il a édité plusieurs publications périodiques : Church of England quaterly Review (1840-1843 et 1854-1858) ; The Churchman (1840-1843) ; The Britisch Churchman (1845-1848) ; The Literary Gazette (1859-1860).

CHRZANOWSKI* (A.). — Mort en 1861.

CIALDINI (Enrico), général italien, né le 8 août 1811, à Lombardina, maison de campagne de son père, située près de Castelvetro (province de Modène), est fils d'un ingénieur en chef des eaux et routes de l'État de Modène, qui fut forcé d'émigrer en 1821. Après avoir fait ses études philosophiques à l'Université de Parme, il suivait les cours de médecine dans cette même ville, lorsque éclata le mouvement révolutionnaire de février 1831. Il s'enrôla dans le régiment d'infanterie légère organisé à Reggio, et il servit comme caporal jusqu'à sa dissolution à Sinigaglia. Condamné à l'exil, il fut embarqué à Ancône et conduit à Marseille, d'où il se rendit à Paris. Toute sa famille étant frappée par les rigueurs du pouvoir, il se trouva réduit à la pension de 1 fr. 50 c. payée par le gouvernement français.

Le jeune Cialdini résolut néanmoins de continuer à Paris ses études médicales ; logé à l'hôtel d'Harcourt, rue de la Harpe, il suivit les cliniques de Dupuytren, de Lisfranc et de M. Rostan. En même temps il entreprenait la traduction en italien de Voltaire, de Jean-Jacques Rousseau, et celle des œuvres chirurgicales de M. Velpeau. Il supportait les misères d'une existence aussi laborieuse, avec une indomptable énergie, lorsqu'une attaque de choléra à la fin de 1832 faillit l'emporter.

A peine rétabli il s'engagea dans la légion d'Oporto au service de don Pedro, et fit heureusement la campagne de Portugal, dans laquelle il reçut les grades de caporal-fourrier, sergent, et sous-lieutenant. Après la campagne, il passa en Espagne avec sa légion contre don Carlos, se signala parmi les plus braves, obtint de l'avancement, et devint aide de camp du général Durando. Son frère unique servait avec lui dans la même légion : à la défaite de Morella il lui sauva la vie au péril de la sienne. Quand l'absolutisme eut succombé avec don Carlos, la légion d'Oporto fut dissoute ; M. Cialdini avait alors le grade de lieutenant-colonel, qui lui fut reconnu par le gouvernement de la reine Isabelle. Admis dans la gendarmerie, on lui donna pour résidence la ville de Valence, où il se maria avec une jeune fille de famille distinguée.

Le mouvement italien de 1848 rappela M. Cialdini dans son pays. Admis comme lieutenant-colonel dans le corps du général Ferrari, il servit en Vénétie et fut bientôt nommé colonel. A la bataille de Vicence, il fut blessé grièvement et tomba entre les mains des Autrichiens. Guéri et rendu à la liberté, il rentra dans l'armée piémontaise et fut chargé de l'organisation d'un régiment qu'on appela régiment des duchés, parce qu'il était composé de 3000 volontaires des duchés italiens. Il fit la campagne de 1849 contre Radetzki, à la tête de ce régiment. Peu de jours avant la bataille de Novarre, se trouvant à l'avant-garde, il soutint contre des forces supérieures, un combat de plusieurs heures, qui, par l'inertie de Ramorino et l'abandon d'une partie de ses troupes, dut se terminer par une retraite.

M. Cialdini avait acquis dans ces événements une brillante réputation personnelle, lorsque le Piémont résolut de prendre part à la guerre de Crimée ; il fut, comme colonel, désigné pour commander une brigade du corps d'armée piémontais. A son retour, il fut confirmé maréchal de camp et nommé aide de camp du roi. Ce dernier honneur fut très-remarqué, parce que jusqu'alors les aides de camp du roi avaient appartenu exclusivement à la noblesse.

Placé à la tête d'une division dès le début de la guerre de 1859, M. Cialdini combattit à Palestro, et fit avec distinction toute la campagne. Il fut ensuite nommé lieutenant général et chargé, avec le commandement du 4ᵉ corps d'armée, d'occuper la Romagne. Depuis cette époque, les actes du général Cialdini tiennent une place importante dans l'histoire contemporaine, et à son nom se rattachent : l'entrée des Piémontais dans les Marches, en septembre 1860, la prise de Pesaro, la bataille de Castelfidardo, le siège et la reddition de Gaëte, la capitulation de Messine, etc. Quand il entra à Ancône, comme vainqueur, en 1860, il y avait dix-neuf ans qu'il en était sorti comme exilé. Le général Cialdini, grand-croix des SS. Maurice et Lazare, puis officier de la Légion d'honneur, décoré de seize ordres différents, a été promu, à la fin de 1860, par le roi Victor-Emmanuel au grade supérieur de général d'armée (maréchal), en même temps que les généraux Garibaldi et Fanti.

Au mois d'avril 1861, le général Cialdini, nommé député, vint occuper son siège au parlement italien. Il y était à peine depuis quelques jours quand, blessé par quelques paroles imprudentes de Garibaldi, il écrivit à ce dernier une lettre qui annonçait une rupture, mais les deux généraux furent réconciliés par le marquis Pallavicino, leur ami commun. Le 9 juillet, le général Cialdini arriva à Naples comme lieutenant général du roi dans les provinces méridionales : il y resta jusqu'au 1ᵉʳ novembre, époque où il fut, sur sa demande, remplacé par le général La Marmora. L'année suivante, lorsque Garibaldi tenta de provoquer en Sicile un mouvement pour l'achèvement immédiat de l'indépendance italienne, le général Cialdini fut envoyé en Sicile et investi du commandement militaire et politique, avec tous les pouvoirs relatifs à l'état de siège (21 août). Quelques jours après, sa mission était terminée, par la victoire du colonel Pallavicini à Aspro-

monte, et il revenait à Turin, combattant d'abord le projet d'amnistie auquel pourtant il finit par se rendre. Il recevait peu après un des grands commandements militaires de l'Italie, avec Bologne pour résidence.

CLÉMENT ᵛ (A.). — Mort en septembre 1862.

CLERGÉ DE FRANCE *. D'après les renseignements que nous avons recueillis et qui ne sont encore consignés qu'incomplètement dans les recueils officiels, le clergé de France a subi, depuis le 1ᵉʳ janvier 1860, les modifications suivantes. Ont été nommés :

Archevêques.

AUCH : François-Augustin DELAMARRE, né à Valognes, le 9 septembre 1800, nommé archevêque d'Auch le 20 février 1861 ; précédemment vicaire général de Coutances, puis évêque de Luçon le 5 mars 1856 ; chevalier de la Légion d'honneur.

BOURGES : Charles-Amable DE LA TOUR D'AUVERGNE-LAURAGUAIS, né à Moulins, le 6 décembre 1825, ordonné prêtre à vingt-deux ans et demi, avec dispense d'âge, promu archevêque de Bourges le 10 décembre 1861 ; précédemment vicaire général de Mgr Parisis, auditeur de Rote, pour la France, à Rome, archevêque de Colosse *in partibus*, coadjuteur de Bourges avec future succession, chevalier de la Légion d'honneur le 13 août 1862.

CHAMBÉRY : Alexis BILLIET, né aux Chapelles, en Tarentaise, le 28 février 1783, nommé archevêque de Chambéry, le 21 mars 1840, cardinal le 27 septembre 1861, sénateur, commandeur de la Légion d'honneur ; précédemment évêque de Maurienne, sénateur du royaume de Sardaigne et chevalier grand-croix de l'ordre des saints Maurice et Lazare.

Évêques.

ANNECY : Claude-Marie MAGNIN, né à la Muraz (Haute-Savoie), le 14 décembre 1802, nommé évêque d'Annecy, le 11 décembre 1860, chevalier de la Légion d'honneur ; précédemment supérieur du séminaire diocésain d'Annecy.

BASSE-TERRE (LA) : N.... BOUTONNET, né en 1802, dans le département de l'Aveyron, nommé évêque de la Basse-Terre, le 10 mars 1862 ; précédemment professeur de philosophie au séminaire diocésain de Rodez, supérieur de l'école secondaire ecclésiastique de cette ville, curé de Rignac en 1835, puis curé archiprêtre de Saint-Affrique en 1861.

COUTANCES : N.... BRAVARD, né en 1814, dans le diocèse de Lyon, nommé évêque de Coutances, le 12 août 1862 ; précédemment vicaire de la cathédrale de Sens, aumônier du collège de cette ville, missionnaire diocésain, curé à Saint-Étienne, vicaire général à Sens, chevalier de la Légion d'honneur.

GAP : N.... BERNADOU, nommé évêque de Gap, le 14 janvier 1862 ; précédemment curé archiprêtre de la cathédrale d'Alger.

MANS (LE) : Jean-Charles FILLION, né en 1817, nommé évêque du Mans, le 11 janvier 1862 ; précédemment vicaire général du Mans, puis évêque de Saint-Claude.

NEVERS : Théodore-Augustin FORCADE, né à Versailles, le 2 mars 1816, nommé évêque de Nevers, le 11 décembre 1860 ; précédemment évêque de Samos *in partibus*, puis de la Basse-Terre ; chevalier de la Légion d'honneur.

PÉRIGUEUX : N.... BAUDRY, né à Montigné, le 1ᵉʳ novembre 1817, nommé évêque de Périgueux, le 30 janvier 1861 ; précédemment professeur de dogme au séminaire de Saint-Sulpice ;

chevalier de la Légion d'honneur, le 13 août 1862.

SAINT-BRIEUC : N.... DAVID, nommé évêque de Saint-Brieuc, le 14 janvier 1862; précédemment vicaire général de Valence.

SAINT-CLAUDE : N.... NOGRET, nommé évêque de Saint-Claude, le 14 janvier 1862; précédemment curé de Loches.

SOISSONS : N.... CHRISTOPHE, né à Rochesson, le 16 avril 1803, nommé évêque de Soissons, le 11 décembre 1860; précédemment curé de la chapelle Saint-Denis, à Paris; officier de la Légion d'honneur.

TROYES : Emmanuel-Jules RAVINET, né à Paris, le 4 avril 1801, nommé évêque de Troyes, le 11 décembre 1860; précédemment vicaire général de Paris; chevalier de la Légion d'honneur, le 13 août 1862.

VANNES : Louis-Anne DUBREUIL, né à Toulouse, le 18 janvier 1808, nommé évêque de Vannes, le 5 juin 1861; précédemment vicaire général de Montpellier, puis supérieur du séminaire de Saint-Pons; chevalier de la Légion d'honneur, le 13 août 1862.

Sont morts :

Archevêques.

MENJAUD (Alexis-Basile), mort en 1861.

SALINIS (Louis-Antoine DE), mort le 30 janvier 1861.

Évêques.

CŒUR (Pierre-Louis), mort le 16 octobre 1860.

DANIEL (Jacques-Louis), mort au mois de juin 1862.

DEPÉRY (Jean-Irénée), mort en décembre 1861.

GEORGE - MASSONNAIS (Jean - Baptiste - Amédée), mort le 20 décembre 1860.

MARTIAL (Guillaume-Élisée), mort vers la fin de 1861.

MAZENOD (Charles-Joseph-Eugène DE), mort le 20 mai 1861.

MORLHON (Joseph-Auguste-Victorin DE), mort en octobre 1862.

NANQUETTE (Jean-Jacques), mort le 20 novembre 1861.

THIBAULT (Charles-Thomas), mort le 4 mai 1861.

COEUR* (P.-J.). — Mort le 10 octobre 1860.

COLT (Samuel), colonel américain, né à Hartford, dans le Connecticut, le 19 juillet 1814, est célèbre comme inventeur du pistolet revolver. Il conçut, dit-on, l'idée de cette arme en 1829, à bord d'un navire qui le transportait à Calcutta. En 1835, il prit un brevet et fonda une manufacture de revolvers à Paterson (New-Jersey), mais cette première entreprise échoua. Le colonel Colt inventa alors une machine explosive sous-marine pour faire sauter les navires, puis il établit une ligne de télégraphie électrique de New-York à Sandy-Hook et à Montauk, pour transmettre les nouvelles importantes de l'étranger ou de l'arrivée des navires. L'insuccès de ces travaux le décida à reprendre son brevet pour les pistolets et les fusils revolvers, et il établit à Hartford une manufacture qui, cette fois, le conduisit à une prompte et magnifique fortune. Le colonel Colt est mort le 16 juillet 1862, laissant une fortune évaluée à plus de trois millions de dollars : il avait reçu du sultan Abdul Medjid la décoration de l'ordre de Medjidieh de 5e classe.

CORDIER* (P.-L.-A.).— Mort le 30 mars 1861.

CORDIER* (Joseph). — Mort en 1849, peu de temps après avoir été réélu représentant à l'Assemblée législative.

CORVO DE CAMOENS (Joao de Andrade), littérateur et savant portugais, né à Torres-Novas, le 30 janvier 1824, élève des Écoles polytechnique et du génie, lieutenant du génie en 1843, suivit les cours de médecine de Lisbonne et fut nommé, dès 1844, professeur de botanique à la Polytechnique, et en 1853, d'économie rurale à l'Institut agricole. En 1855, il fut membre du jury international de l'Exposition universelle de Paris, et a été chargé de diverses missions scientifiques. Il est, depuis 1855, membre de l'Académie de Lisbonne et commandeur du Christ.

M. Corvo de Camoens est auteur des écrits les plus divers; nous citerons de lui, au théâtre : *D. Maria Telles*, drame (1845), *Un conto ao serão*, comédie (1852), *O Astrologo*, drame (1855), etc.; parmi ses romans : *Um anno na Corte*, roman historique (3 éditions); enfin parmi ses travaux scientifiques : *Memoria sobre doença das vinhas na Madeira*, dans les *Mémoires* de l'Académie; *Relatorio sobre a Exposição universal de Paris. (Agricultura); Estudo economico e hygienico sobre a cultura do arroz* : ces deux derniers imprimés aux frais du gouvernement.

COUDER (Alexandre-Jean-Remy), peintre français, né à Paris, en 1808, étudia d'abord la gravure en médailles et la sculpture, puis entra dans l'atelier du baron Gros et débuta au salon de 1837, par un *Épisode de la Saint-Barthélemy*. Il a exposé depuis, entre autres sujets de genre ou de nature morte : *Eudes, comte de Paris, délivrant cette ville assiégée par les Normands; Un premier chagrin; Bourguignon dans son atelier; Les deux favoris* (Ministère d'État) : *Un cabinet de curiosités; Un cep de vigne; Intérieur de cuisine; Fleurs et fruits* (1838-1853) : *Jeune femme dessinant des fleurs* (1855), etc. Il a reçu une 3e médaille en 1836 et la décoration le 12 août 1853.

COUDER (François-Alexandre), musicien français, frère du précédent, né à Paris, en 1804, ancien élève du Conservatoire, a été successivement chef d'orchestre du théâtre de Bordeaux et du Gymnase. Il a composé, entre autres morceaux remarqués : *Le Piano de Berthe, le Fils de famille, Faust et Marguerite, Risette, Rosalinde la Rieuse; des valses, quadrilles, etc.*

CROUSEILHES * (M.-J.-P.-P. DOMBIDAU, baron DE). — Mort le 18 février 1861.

CUGIA (Efflnio), général italien, né vers 1820 d'une des plus nobles familles de Sardaigne, a conquis tous ses grades très-rapidement. Il était major, lors de la guerre de 1859, et le comte de Cavour avait pour lui une estime toute particulière. A la mort de ce ministre, M. Cugia, tout récemment promu major-général, entra dans le cabinet Ricasoli comme sous-secrétaire de la guerre, sous la responsabilité et la direction du président du conseil. Plusieurs fois, il prit en cette qualité la parole à la Chambre, et porta, dans la discussion des questions militaires, autant d'autorité que d'habileté. Au mois d'août 1861, il donna sa démission, et fut mis à la disposition du ministre de la guerre. En juillet 1862, lorsque Garibaldi se rendit en Sicile, le général Cugia fut nommé préfet de Palerme en remplacement du marquis Pallavicino; un décret du 17 août vint encore augmenter son pouvoir en lui confiant toute la direction politique dans l'île, mais, en présence des progrès de l'expédition garibaldienne, le général Cugia fut regardé à Turin comme trop modéré, et rappelé au bout de quelques jours. Il est officier de la Légion d'honneur.

CURIAL* (N.-J., comte). — Mort en 1861.

CURTIS (George-Ticknor), jurisconsulte américain, né à Watertown (Massachussets) en 1812, entra en 1836 au barreau de Boston, qu'il n'a plus quitté. Il a fait aussi partie de la Chambre basse du Massachussets, mais n'a point pris une part active aux affaires publiques. Plus connu comme légiste, il a publié des travaux remarquables parmi lesquels nous citerons : *Droits et devoirs des Négociants maritimes*, Rights and duties of merchant Seamen (1844) ; *Loi du droit de propriété littéraire*, Law of Copyright (1849) ; *Commentaires sur la jurisprudence, la pratique et la juridiction particulière des Cours des États-Unis* (1854), ouvrage fort estimé par les juges américains ; enfin une *Histoire de l'origine, de la*

formation et de l'adoption de la Constitution des États-Unis (1855-1858), à laquelle il doit surtout sa réputation.

Son frère aîné, Benjamin-Robbins CURTIS, né à Watertown, le 4 novembre 1809, a fait partie, comme lui, du barreau de Boston et de la Chambre basse du Massachussets. En 1851, le président Fillmore l'appela comme juge associé à la Cour suprême des États-Unis, mais en 1857 M. Curtis se retira volontairement pour venir reprendre à Boston ses occupations antérieures.

CZARTORYSKI * (A.-G.). — Mort le 15 juillet 1861. Il avait conservé jusqu'au dernier jour son dévouement pour la nationalité polonaise.

D

DAMAS * (A.-H.-M., baron DE). — Mort en 1862.

DAMIRON * (J.-P.). — Mort le 11 janvier 1862. A deux heures, il avait fait, ce jour-là même, à l'Académie des sciences morales et politiques, une lecture fort applaudie sur Condillac : en rentrant chez lui, il mourut subitement dans son cabinet. Son dernier ouvrage : *Conseils adressés à des enfants d'ouvriers et à leurs familles dans les distributions de prix d'une école de village*, a été composé à la campagne, où il passait une partie de l'année au milieu des paysans et des ouvriers d'une manufacture.

DANILO (P.-N.). — Mort le 12 août 1860. Pendant les derniers mois de son règne, les relations avec la Turquie ont été assez difficiles. Une commission européenne s'était réunie pour déterminer les frontières, et faire ainsi disparaître la principale cause des conflits (mai 1860). Mais dès le mois de juillet, de nouvelles collisions éclatèrent et Danilo s'efforçait de modérer l'ardeur belliqueuse des Monténégrins, lorsqu'il fut assassiné à Cattaro d'un coup de pistolet par un meurtrier que poussait un sentiment de vengeance personnelle. Le Monténégro doit à ce prince le premier code de ses lois, qui fut promulgué le 23 avril 1855. Il a eu pour successeur son neveu Nicolas Petrowich Niegosch. (Voy. NICOLAS I.)

DAOUD, pacha, gouverneur du Liban, appartient à la communauté des Arméniens unis ou Arméniens catholiques. Il passa ses premières années dans une maison française de Galata, puis entra dans les bureaux du gouvernement ottoman, et fit partie d'une ambassade envoyée en Prusse par le sultan. Dans ce voyage, il publia un ouvrage sur la diète germanique. Devenu consul général de Turquie à Vienne, il représenta la Porte dans la commission des États riverains du Danube, puis fut rappelé à Constantinople et remplit diverses fonctions à l'intérieur. En 1857, il fut chargé de la censure ; l'année suivante, il coopéra, sous la direction de Fuad-pacha, à la conclusion d'un emprunt ; enfin il devint directeur des télégraphes et apporta de notables améliorations dans ce service.

En 1861, la commission européenne qui régla les affaires de Syrie, désigna Daoud, comme caïmacan du Liban pour trois ans, malgré la résistance de la France qui préférait un gouverneur indigène. Daoud fut, à cette occasion, nommé *mudir* et élevé au rang de pacha à trois queues (juin 1861). Il fut installé le 12 juillet à Deïr-el-Khamar et divisa son gouvernement en six dis-

tricts. Mais on ne tarda pas à se plaindre de ses actes, et on l'accusa de subir exclusivement l'influence anglaise. Il paraît avoir mécontenté le pays par des surtaxes, des projets d'impôts nouveaux, l'obligation d'en référer à la Porte pour construire de nouvelles églises, enfin par son projet de traverser le Kaïsrouan par une route stratégique, regardée par les indigènes comme un moyen d'invasion. Daoud, ayant voulu recourir à l'intimidation, envoya son cousin Daoud-effendi avec une petite troupe, à Ghazir (septembre 1862), mais les Maronites soulevés repoussèrent et blessèrent même le chef turc, et cet échec porta une grave atteinte à l'autorité du caïmacan dans la montagne.

DAVID * (J.). — Mort en 1862.

DAVIS (Charles-Henry), officier de marine et hydrographe américain, né à Boston (Massachussets), le 16 janvier 1807, entra au service en 1823. En 1844, il fut adjoint au professeur Bache pour explorer les côtes de l'Union, et il signala plusieurs écueils dangereux dans la route ordinairement suivie entre New-York et Boston. Cinq ans après il fut appelé à diriger la publication *American Ephemeris and nautical almanac*, qu'il ne quitta qu'en 1856 pour aller prendre, en qualité de commodore, la direction de la station du Pacifique. Il a fait partie de plusieurs commissions chargées d'étudier les ports de Boston, New-York, Charleston, etc. Le commodore Davis a donné, en 1856, une traduction de la *Théorie du mouvement des corps célestes*, de Gauss, et a présenté des observations intéressantes à plusieurs sociétés savantes sur les lois des marées.

DAVIS (Jefferson), président des États confédérés d'Amérique, né le 3 juin 1808 dans le Kentucky, suivit, tout jeune encore, son père qui émigrait à Woodville, dans le Mississipi. Après avoir fait ses études au collège kentuckien de Transylvanie, il entra à l'école militaire de West-Point en 1824, et en sortit sous-lieutenant en 1828. Il servit dans l'infanterie et dans l'état-major sur les frontières du N. O., se distingua dans la guerre de l'Epervier Noir, et devint, en 1833, premier lieutenant de dragons. L'année suivante, il fut employé avec ce grade dans diverses expéditions contre les Pawnies, les Comanches et quelques autres tribus indiennes. Après sept ans de service, il donna sa démission le 30 juin 1835, revint aux plantations que son père lui avait laissées dans le Mississipi, et, pendant quelques années, y vécut très-retiré, s'occupant exclusivement de la culture du coton.

En 1843, il commença à s'occuper de politique, entra dans les rangs des démocrates, et prit une part active à l'élection de MM. Polk et Dallas. Au mois de novembre 1845, il fut élu représentant du Mississipi au Congrès, et se mêla d'une manière remarquable à la discussion des questions les plus importantes. La guerre du Mexique étant survenue, le 1er régiment de volontaires du Mississipi le choisit pour colonel (juillet 1846). M. Davis quitta immédiatement son siége au Congrès, rejoignit son régiment à la Nouvelle-Orléans, et rallia, sur le Rio-Grande, l'armée commandée par son beau-père, le général Zachary Taylor. Il se distingua à l'assaut et à la prise de Monterey (septembre 1846), et surtout à la bataille de Buena-Vista (23 février 1847). En rentrant à la Nouvelle-Orléans, il trouva sa nomination de brigadier-général des volontaires que lui envoyait le président Polk, mais il la refusa, sous prétexte que la constitution attribuait exclusivement aux États la nomination des officiers de la milice, et que le pouvoir exécutif fédéral ne pouvait faire ces nominations sans empiéter sur leurs droits. Il fut nommé sénateur par intérim au mois d'août 1847, puis d'une manière définitive au mois de janvier suivant; il fut réélu en 1850, et devint président du Comité des affaires militaires. Pendant tout ce temps, il se montra zélé défenseur de l'esclavage et des droits particuliers des États.

Au mois de septembre 1851, les démocrates le choisirent pour candidat à la présidence du Mississipi, et il se démit de son siége au sénat pour accepter cette candidature, mais il ne réussit pas à se faire nommer. L'année suivante, lors de la lutte pour l'élection présidentielle, il parcourut le Mississipi, le Tennessee et la Louisiane, pour y soutenir la candidature de M. Franklin Pierce. Celui-ci, ayant triomphé, fit entrer M. Davis dans son cabinet comme secrétaire de la guerre en 1853. Dans ces fonctions qu'il conserva jusqu'en 1857, M. Davis remania les règlements militaires et fit de nombreuses réformes pour améliorer l'armée fédérale. Réélu au sénat, il y resta jusqu'à l'élection de M. Lincoln en 1860. A cette époque, le Mississipi le rappela lorsqu'il prononça sa séparation, et le Congrès des États confédérés, réunis à Montgommery, le choisit pour président. Installé, en cette qualité, le 18 février 1861, il promit de défendre au besoin par les armes la séparation effectuée.

Il appela d'abord au commandement de Charleston le général de Beauregard, et donna le signal des hostilités en attaquant le fort Sumter (12 avril). En même temps, pour compenser le désavantage que donnait au Sud l'absence de toute marine, il délivra des lettres de marque. Le 29 avril, il présenta au Congrès de Montgommery un message où il annonçait sa ferme volonté de lutter avec énergie, et constatait déjà les premiers succès des séparatistes auxquels la Virginie venait de se rallier en enlevant à l'Union les points si importants de Norfolk et d'Harpers-Ferry. Joignant l'action aux paroles, il quitta Montgommery avec tous les membres de son gouvernement et se rendit à Richmond, pour organiser l'armée et en prendre le commandement. Secondé activement par Beauregard, et surtout par l'ardeur des populations, il ne tarda pas à pouvoir offrir aux forces fédérales une résistance sérieuse, et, après quelques combats d'avant-poste, il livra, le 21 juillet, à Mac Dowell, la première bataille de Bull's-Run. Beauregard, qui commandait seul d'abord, avait commencé la victoire vers midi, M. Davis arriva sur le champ de bataille, prit la direction des manœuvres et acheva la déroute des troupes de l'Union.

Quelques jours plus tard, une maladie grave et qui mit sa vie en danger, vint interrompre ses opérations. Lorsqu'il fut rétabli, au mois de septembre, il modifia d'abord son cabinet où entrèrent MM. Hunter, secrétaire d'État, et Bragg, secrétaire de la guerre, puis, le 18 novembre, résumant dans un message au Congrès les événements de l'année, il se félicita des succès qui avaient assuré, disait-il, le triomphe définitif de la juste et sainte cause qu'il défendait. En même temps, il envoyait MM. Mason et Slidell en Europe, pour soutenir la cause du Sud auprès des gouvernements de France et d'Angleterre.

Cependant les hommes surtout commençant à manquer, M. Davis, le 30 mars 1862, demanda au Congrès l'incorporation dans l'armée active de tous les hommes de 18 à 35 ans, et celle des hommes plus âgés dans l'armée de réserve. Les fédéraux avaient recommencé la lutte et devenaient pressants à leur tour : le 30 avril, M. Davis présida le conseil de guerre dans lequel on décida l'évacuation des lignes d'Yorktown. Sachant les dangers que courait la Nouvelle-Orléans, il autorisa le général Lovell à détruire tout le coton et le tabac qui pourraient être exposés à devenir la proie de l'ennemi, et, par une proclamation du 3 mai, il ordonna, en considération des revers récents, que le 16 mai serait, dans tous les États confédérés, observé comme un jour de pénitences et de supplications au Tout-Puissant. Comme les progrès des fédéraux jetaient partout l'inquiétude, il déclara au Congrès qu'il n'avait jamais eu l'intention d'évacuer la Virginie, et qu'on pourrait y soutenir la guerre pendant vingt ans, même si Richmond succombait. Quelques jours plus tard, la bataille de Fair-Oaks venait rassurer un peu les séparatistes, et le président félicitait l'armée de ce succès. Enfin une habile concentration des forces confédérées sauvait Richmond, réduisait les fédéraux à la défensive, et les mettait même en danger à leur tour. Dans ces circonstances, M. Davis adressa, le 18 avril, un nouveau message où, signalant la série de succès qui venaient de récompenser ses efforts, il demandait de nouvelles mesures pour l'amélioration de la marine et de l'armée, sollicitait l'extension de la conscription aux hommes de 35 à 45 ans, recommandait une nouvelle émission des bons du Trésor, et, s'élevant contre les moyens de guerre employés par les fédéraux, menaçait d'user de représailles.

M. Davis est un homme de taille moyenne, d'un extérieur grave et ferme; on s'accorde à lui reconnaître des qualités oratoires remarquables : il a la voix claire, le débit chaleureux, le geste sobre. Ses compositions se distinguent par un certain mérite littéraire, et on a remarqué l'habileté avec laquelle son premier message faisait l'apologie de la sécession. On le regarde aussi comme un militaire d'une haute capacité.

DAYTON (William-Lewis), ministre américain représentant le président Lincoln en France, né le 17 février 1807 à Baskinridge, dans l'État de New-Jersey, débuta au barreau en 1830. En 1837, il entra au sénat de New-Jersey et devint président du comité de la justice; l'année suivante, il fut nommé juge associé à la cour suprême du même État. En 1841, il fut élu pour une session entière (6 ans) au sénat des États-Unis. Il y porta des opinions républicaines, se montrant attaché particulièrement au parti des free-soilers, et soutenant, dans sa plus grande extension, le droit du Congrès de régir légalement l'esclavage dans tous les territoires de l'Union. Il a été l'ami et le conseiller influent du président Taylor. Il sou-

2

tint l'admission de la Californie dans l'Union comme État libre, et l'abolition du commerce d'esclaves en Colombie. A l'expiration de son mandat, il ne fut pas réélu, et il retourna plaider à Trenton. En 1856, le parti républicain qui portait M. Fremont à la présidence, avait choisi M. Dayton comme candidat à la vice-présidence. Cette combinaison ayant échoué, M. Dayton revint à Trenton ; mais l'année suivante, il fut nommé attorney-général de l'État de New-Jersey. En arrivant au pouvoir, M. Lincoln a nommé M. Dayton ministre des États-Unis à la cour de France, et le nouvel envoyé a eu son audience officielle le 19 mai 1861.

DEAK (François), homme d'État hongrois, né en 1803, à Kehida, dans le comitat de Zala, orphelin presque aussitôt après sa naissance, fut élevé par son frère Antonyi, qui avait vingt ans de plus que lui, étudia le droit à Raab, puis revint dans son pays exercer la profession d'avocat. Il débuta comme orateur dans les séances du comitat de Zala, fut nommé en 1832 député à la Diète de Presbourg par la première circonscription électorale de Pesth, et ne tarda pas à se placer par son éloquence à la tête de l'opposition. Aussi ennemi des mesures violentes que ferme dans ses opérations libérales, il ne cessa de combattre par les voies légales les dispositions restrictives appliquées à la constitution hongroise. En 1837, il persista dans cette voie, malgré l'arrestation de Kossuth et de quelques autres chefs populaires, il redoubla d'activité dans la direction de l'opposition parlementaire, et réussit à terminer ces orageux débats par une réconciliation entre le roi et le peuple (1840). Depuis cette époque, il ne parut plus à la Diète, mais il ne continua pas moins à guider l'opposition ; et, malgré sa répugnance pour les mesures violentes, il organisa une société de défense nationale, en vue d'une lutte possible avec l'Autriche.

Après la révolution de mars 1848, il devint ministre de la justice dans le cabinet du comte Bathyani, conçut le projet d'opérer une réforme générale dans l'administration de la justice en Hongrie, et fit tous ses efforts pour conjurer la guerre et ménager une transaction avec l'Autriche. A l'arrivée de Kossuth au pouvoir (17 septembre 1848), il déposa son portefeuille et se borna à siéger à la Diète. Dans les derniers mois de 1849, à l'approche du prince Windischgratz, il proposa de demander la paix, et fut un des députés envoyés dans ce but auprès du général autrichien. On sait que cette démarche échoua, et que M. Deak fut même pendant quelque temps prisonnier à Pesth ; il se retira ensuite dans ses terres et renonça aux affaires. Lorsque la révolution hongroise eut été comprimée, il refusa l'invitation que lui adressait M. de Schmerling, ministre de la justice à Vienne, de prendre part à des conférences législatives, parce qu'il désapprouvait la politique suivie par l'Autriche à l'égard de la Hongrie. Il ne rentra dans la vie publique qu'en 1860, lorsqu'une constitution fut rendue à son pays.

En apprenant l'arrestation du comte Ladislas Téléki, il partit pour Vienne avec M. Eotvos, et obtint la mise en liberté de son compatriote, ainsi que la promesse d'un ministère hongrois indépendant. Dans la grande assemblée du comitat de Pesth, le 2 février 1861, il fit accepter à l'unanimité le projet d'adresse à l'empereur qu'il avait rédigé. Nommé à la Diète hongroise par la ville de Pesth, il y devint le chef du parti modéré, en même temps que le parti avancé se groupait autour du comte Téléki. La mort de ce dernier (8 mai) détruisit la seule influence qui pût con-

trebalancer la sienne, et la Diète le désigna pour rédiger l'Adresse à l'empereur. M. Deak réclamait dans cette pièce la constitution de 1848, un ministère hongrois résidant à Pesth, le retour sans condition des exilés et la restitution de leurs biens, enfin une union purement nominale avec l'Autriche. Refusée d'abord par l'empereur, cette Adresse fut rédigée de nouveau avec quelques modifications de détail ; l'empereur y répondit par un rescrit qui ne dissimulait qu'avec peine ses répugnances pour un tel odre de choses, et à son tour M. Deak, au nom de la Diète, protesta publiquement le 9 août contre le rescrit impérial. Le 23, l'empereur prononça la dissolution de la Diète hongroise, qui ne se sépara pas, sans avoir protesté de nouveau, sous la direction de M. Deak, contre l'illégalité de la mesure qui la dispersait. Jurisconsulte éminent, brillant causeur, caractère intègre, M. Deak est considéré comme un des hommes les plus distingués de la Hongrie, et il a reçu de ses concitoyens le surnom de *juste*.

DECAZES* (E., duc). — Mort le 24 octobre 1860.

DE COURCY* (F.). — Mort en 1862. Il était né en 1795.

DELAFOND* (O.). — Mort en 1861.

DELATRE* (P.). — Mort en 1861.

DELBRÜCK (Jean-Joseph-Jules), économiste français, né à Bordeaux (Gironde), le 11 avril 1813, d'une famille originaire de Prusse, fut nommé, avant l'époque même de sa majorité, consul de Prusse dans sa ville natale et l'exerça ces fonctions jusqu'en 1840. Attiré vers les études littéraires, scientifiques et économiques, il vint s'y livrer à Paris, et contribua très-activement avec M. Marbeau (voy. ce nom *) à la fondation des crèches. Il publia à cette occasion un volume intitulé : *Visite à la crèche modèle* (1846, in-18). Depuis cette époque, il a fourni à divers journaux, à *la Presse*, à *l'Économiste français*, etc., une série d'articles sur les questions d'économie politique et d'éducation, spécialement sur les colonies agricoles pour l'enfance dont il n'a cessé de poursuivre l'établissement. En 1862, M. J. Delbrück a été l'un des membres actifs de la commission mixte chargée d'élaborer le plan d'un enseignement international.

Fondateur et directeur de *l'Éducation nouvelle, Journal des mères et des enfants*, il en a tiré, sous le titre de : *Récréations instructives*, un des meilleurs recueils d'éducation et d'instruction pour l'enfance (1860, 1861, 1862), 3 vol. in-4°, avec tableaux gravés et coloriés.

DELPIT (Martial), littérateur français, né à Cahuzac (Lot-et-Garonne), le 25 février 1813, fils d'un médecin inspecteur des eaux de Bagnères, fut élève de l'École des Chartes, d'où il sortit en 1835. Il a aidé Augustin Thierry dans ses recherches sur le tiers-état. Il a rédigé avec son cousin (voy. ci-dessous), une *Notice sur le manuscrit intitulé : Recognitiones seodorum* (1841), couronnée par l'Académie des inscriptions et belles-lettres et insérée dans le tome XIV des Notices des Manuscrits de cette académie. Il obtint, la même année, une 1re médaille d'or de la même académie pour son *Mémoire sur les sources manuscrites de l'histoire municipale de la ville d'Amiens*. M. M. Delpit, qui réside auprès de Bergerac, a fourni en outre quelques articles à la Bibliothèque de l'École des Chartes.

Son cousin, M. Jules **DELPIT**, fils d'un conseiller à la Cour de cassation, membre de l'Académie de Bordeaux, à laquelle il a fourni de nombreux *Mémoires*, a publié, à la suite d'une mission scientifique, le tome 1er de la *Collection générale des documents français qui se trouvent en Angleterre* (1847, in-4). On cite en outre de lui : *Réponse d'un campagnard à un Parisien, ou Réfutation du livre de M. Veuillot sur le droit du Seigneur* (1857, in-4 et in-8).

DELTON* (E.-A.). — Mort en 1862.

DEMIDOFF DE SAN DONATO* (A.). — Dans la seconde édition, a été indiqué à tort comme mort à Bade, le 13 juillet 1858 : c'est M. Paul Demidoff, père, qui est mort à cette époque; quant au prince Anatole, il a seulement été très-gravement malade.

DENISON (John-Evelyn), homme politique anglais, président de la chambre des communes, né en 1800, entra au Parlement en 1823; visita, l'année suivante, le Canada et les États-Unis, et devint l'un des lords de l'Amirauté lors de la formation du ministère Canning. Il prit une part active aux querelles religieuses qui à cette époque compliquaient les questions politiques, et il se montra favorable aux concessions que réclamaient les catholiques romains. Après la mort de M. Canning, il renonça à toute position officielle, se retira du conseil de l'Amirauté, et persista à conserver son indépendance politique, malgré les propositions qui lui furent faites plusieurs fois pour rentrer aux affaires. En 1830, le bourg d'Hastings l'envoya au Parlement, et il continua d'y siéger, pendant les années suivantes, pour différentes localités. Il s'occupa surtout des affaires particulières de la Chambre. Nommé président à l'unanimité, en 1857, lors de la retraite de M. Shaw-Lefèvre, il a été réélu dans les mêmes conditions en 1859.

DESBŒUFS* (A.). — Mort en 1862.

DESORMES* (C.-B.). — Mort le 30 août 1862.

DEUX-SICILES* (Maison royale des).—*Charles-Ferdinand*, prince de Capoue, mort à Turin, en avril 1862. Oncle de l'ex-roi François II, le prince de Capoue s'occupait peu de politique; il aimait les arts et avait cessé toute relation avec la cour de Naples après avoir enlevé, puis épousé à Londres miss Penelope-Grace Smith. Il avait reconnu Victor-Emmanuel comme roi d'Italie, et allait recevoir un apanage quand il est mort. Il laisse un fils, le comte de Mascali, né en 1837, et une fille, la princesse Victoria, née en 1838.

DIEBOLT* (G.). — Mort en novembre 1861.

DINOCOURT* (P.-T.-R.). — Mort en janvier 1862.

DOUBLET DE BOISTHIBAULT* (F.-J.). — Mort le 16 janvier 1862.

DOUGLAS* (S.). — Mort à Chicago, le 3 juin 1861. Il était né en 1812. Lors de l'avénement du président Lincoln, M. Douglas lui déclara que, bien qu'il fût en opposition avec lui sur presque toutes les questions, il le soutiendrait cependant de tout son pouvoir contre ceux qui voulaient dissoudre l'Union. Il mourut quelques semaines plus tard et, à cette occasion, les villes de Washington et de Chicago prirent le deuil.

DRUMANN* (C.-G.). — Mort en 1861.

DUBOIS* (P.). — Mort le 12 octobre 1860.

DUFÊTRE* (D.-A.).— Mort le 7 novembre 1860

DUJARDIN* (F.). — Mort le 8 avril 1860. Il était chevalier de la Légion d'honneur. Il a laissé inachevée une *Histoire naturelle des échinodermes*, œuvre considérable dont on n'a que les quatorze premières feuilles et six planches.

DUMAS* (Adolphe). — Mort le 15 août 1861. Il était né en 1806.

DUNCOMBE* (T.-S.). — Mort le 14 novembre 1861.

DUNDAS* (sir J. WHITLEY-DEANS). — Mort en 1862.

DUNDAS* (R. SAUNDERS). — Mort le 3 juin 1861.

DUNDONALD* (Fr.-C.). — Mort le 30 octobre 1860.

DUNGANNON* (A. HILL-TREVOR, 3e vicomte). — Mort en 1862.

DURANDO (Jacques), général italien, né vers 1815, étudia d'abord le droit, puis prit une part active à la politique et fut, pour cette raison, forcé de s'expatrier en 1833. Réfugié en Espagne, il entra dans l'armée, et occupait en 1845 le grade de colonel quand il revint en Piémont. Il publia sur la *Nationalité italienne* un livre qui fut remarqué, obtint le commandement des volontaires, puis devint aide de camp du roi Charles-Albert. Il fonda alors le journal *l'Opinione*, dont il laissa la direction à Bianchi-Giovini, lorsqu'en 1848, il partit pour la guerre de l'indépendance italienne, à la tête des troupes pontificales, défendit Vicence et n'en sortit que par une capitulation honorable. Revenu plus tard en Piémont, il fut ministre de la guerre dans le cabinet Cavour pendant la campagne de Crimée.

En 1859, commandant d'une division dans l'armée italienne, il prit part, le 30 mai, au combat de Palestro. Le 24 juin, détaché pendant tout le jour du côté de Solferino, il fut rappelé le soir par le roi Victor-Emmanuel pour tenter, avec la division Fanti, une dernière attaque sur San-Martino. Il enleva cette position par une brillante charge à la baïonnette et rejeta l'ennemi dans Peschiera.

Nommé sénateur du royaume d'Italie, le 3 mars 1860, puis ambassadeur à Constantinople, il entra comme ministre des affaires étrangères dans le cabinet Ratazzi, le 31 mars 1861. A la suite du mouvement garibaldien comprimé à Aspromonte, le général Jacques Durando a adressé, le 10 septembre, à ses agents diplomatiques à l'étranger une note qui réclamait nettement une solution urgente et la fin du *statu quo*. Il est grand-officier de la Légion d'honneur.

Son frère Jean DURANDO, compromis comme lui dans les troubles politiques en 1833, se réfugia aussi en Espagne, et y était devenu général en 1845, lorsqu'il revint en Italie. En 1861, il commanda quelque temps à Naples et, malgré les efforts de M. de San-Martino, fut rappelé bientôt parce qu'on lui reprochait trop d'indulgence pour les bourboniens. Il fut ensuite appelé au commandement de Milan. Il est, comme son frère, grand-officier de la Légion d'honneur.

DURHAM (Joseph), sculpteur anglais, né à Londres en 1822, eut pour maîtres John Françis et E. H. Baily, et se fit connaître d'abord par un buste de Jenny Lind (1841), qui eut un fort grand succès. Il exécuta ensuite, sur une commande du lord-maire, le buste de la reine (1856), puis les statues d'*Hermione* et d'*Alastor*, pour Mansion-House; *Paul et Virginie* (1857); *le Destin du Génie* (1858); la statue de *M. Franck Crossley* pour la ville d'Halifax (1859); *Chasteté* (1860); *Allez dormir* (1861). Par suite de la souscription ouverte pour l'érection d'un monument commémoratif de la grande exposition de 1851, un concours a été ouvert entre les artistes de toutes les nations, et le projet de M. Durham a été adopté.

DURRIEU * (A.-S., baron). — Mort en 1862. Il a représenté le département des Landes depuis 1834 jusqu'en 1845, époque où il fut nommé pair de France. Après le 2 décembre 1851, il fit partie de la commission consultative du gouvernement. M. Durrieu était maire de la commune de Larrivière-sur-Adour.

DUTREY (Gabriel-Fort), administrateur et humaniste français, né à Bordeaux, le 19 novembre 1792. Élève de l'École normale de 1811 à 1813, reçu docteur ès lettres le 20 août de cette dernière année, il fut d'abord chargé d'un cours de grec pour la rhétorique et d'une division de troisième au lycée de Poitiers. Agrégé suppléant au collège Bourbon à Paris en 1821, il fut chargé de la suppléance de la rhétorique dans les collèges Henri IV, Saint-Louis et Charlemagne. En 1830, il fut nommé recteur de l'Académie de Clermont et

quelques semaines après de celle de Lyon. Inspecteur général des études en 1833, il devint haut titulaire de l'Université en 1842, membre du conseil royal en 1846, et de la Commission des hautes études scientifiques et littéraires en 1848 (29 février.) Lors de la réorganisation de 1852, il fut nommé inspecteur général de l'enseignement secondaire pour les lettres et entra au Conseil impérial de l'instruction publique en 1853. Recteur de l'Académie de Bordeaux depuis le 22 août 1854, il vient d'être nommé inspecteur général de l'enseignement supérieur pour les lettres, en remplacement de M. Giraud (27 février 1860). Décoré de la Légion d'honneur en 1832, promu officier en 1845, il est commandeur depuis le 23 août 1857.

On doit à M. Dutrey plusieurs ouvrages adoptés pour l'usage des classes : *Nouvelle grammaire de la langue latine* (1839, in-12, nombreuses éditions); *Grammaire élémentaire de la langue latine* (même année, in-12), abrégé de la précédente; *Exercices gradués de latinité* (1841-1845, 5 vol. in-12, à l'usage des élèves; 5 vol. in-12, à l'usage des maîtres), etc.; puis, à l'occasion de sa réception comme membre de l'Académie des sciences, belles-lettres, etc., de Bordeaux, une *Étude sur Ausone*.

DUVAL * (M.-J.). — Mort en octobre 1861.

DZIALYNSKI * (T., comte). — Mort le 12 avril 1861.

E

ECKSTEIN * (F., baron D').— Mort en novembre 1861.

EGLINTON * (A.-W. MONTGOMERIE, 15e comte D'). — Mort le 4 octobre 1861.

ELLESMERE * (G.-G.-F., 2e comte D'). — Mort en septembre 1862.

ELPHINSTONE * (J.-E.). — Mort le 18 juillet 1860.

ENGELVIN * (J.-M.-L.). — Né à Pontgibaud. Mort en août 1861. Avant d'écrire des ouvrages religieux, il avait collaboré au *Mercure du XIXe siècle* et à la *Biographie universelle*. Il a laissé en mourant un *Voyage en Orient*, en trois volumes, ouvrage terminé, mais dont le premier volume seul a paru de son vivant, sous le titre de : *Soleil de la Terre Sainte*.

ERICSSON (John), célèbre ingénieur suédois, né en 1803, dans la province de Vermeland, entra, à onze ans, comme cadet dans le corps du génie, devint deux ans plus tard niveleur sur le grand canal qui joint la Baltique à la mer du Nord, puis entra comme enseigne dans l'armée suédoise, où il atteignit le grade de lieutenant. En 1826, il soumit aux savants de Londres sa première invention : c'était une machine qui devait agir sans le secours de la vapeur en condensant la flamme, mais cet effet fut reconnu impossible avec les combustibles minéraux. En 1829, la compagnie du chemin de fer de Liverpool à Manchester avait offert un prix pour la meilleure locomotive : M. Ericsson concourut et produisit une machine qui atteignait la vitesse, inconnue alors, de cinquante milles à l'heure. Il passa ensuite aux États-Unis, et ne tarda pas à y devenir

célèbre par de nombreuses inventions. La plus remarquable fut sa machine à air chaud, qui étonna les savants de Londres en 1833, mais qui ne leur parut pas applicable. L'inventeur ne se rebuta pas: de retour aux États-Unis, il fit construire un navire de 2200 tonneaux, auquel il donna son nom et qui reçut pour moteur cette nouvelle machine. L'*Ericsson*, dans son voyage d'essai, fit douze milles à l'heure, sans le secours de la vapeur; mais au retour, assailli par un grain violent, il sombra. Lorsque la guerre civile éclata aux États-Unis, on fit appel à la science de M. Ericsson, et il construisit la fameuse batterie qui a lutté contre le *Merrimac* et à laquelle son inventeur a donné avec quelque forfanterie le nom de *Monitor*, pour avertir les orgueilleuses marines militaires de l'Europe que leur temps était fini. M. Ericsson est chevalier de l'ordre de Vasa et membre de nombreuses sociétés savantes. — Son frère, le colonel ERICSSON s'est fait connaître comme ingénieur en chef des railways anglais.

EUSTACHE * (A.-J.-R.), connu au théâtre sous le pseudonyme d'ANGEL. — Mort le 14 mai 1861.

EWING (Thomas), homme politique et jurisconsulte américain, né à Virginia, dans l'Ohio, le 28 décembre 1789, travailla d'abord dans les salines de Ranawha, pour se procurer le moyen d'entrer à l'université d'Ohio, où il prit ses grades en 1815, non sans avoir été forcé par le besoin de revenir momentanément travailler à Kanawha. Il entra au barreau de l'Ohio en 1816, et s'y distingua, ainsi qu'à la cour suprême des États-Unis. En 1831, il fut élu au sénat de l'Union, prit place dans le parti whig et soutint la politique de MM. Webster et Clay. Il rentra au barreau en 1837 à l'expiration de son mandat; appuya, en 1840, la candidature du général Harrisson à la présidence, devint, après l'élection, secrétaire du Trésor, et conserva ce poste sous le président Taylor. En 1849, le général Taylor l'appela au ministère de l'intérieur, récemment

créé. Il revint au sénat sous la présidence de M. Fillmore. En 1851, il a abandonné la vie politique pour se livrer exclusivement à l'exercice de sa profession.

F

FALLMERAYER * (P.-J.). — Mort le 26 avril 1862.

FAREZ * (F.). — Mort le 1er février 1862.

FARNHAM (Élisa-W. Burhans, dame), femme auteur et philanthrope américaine, née à New-York, dans le comté d'Albany, le 17 novembre 1815, épousa en 1835 le voyageur Farnham, dans l'Illinois, revint six ans plus tard à New-York, et consacra son temps à la visite des prisons et à des lectures publiques pour son sexe. Nommée en 1844 directrice de la division des femmes dans la prison d'État de Sing-Sing, elle substitua les traitements doux aux moyens violents et obtint pendant quatre ans d'excellents résultats. En 1848, elle s'occupa durant quelques mois de l'établissement des aveugles fondé à Boston, alla en Californie, y resta jusqu'en 1856, et se consacra alors à l'étude de la médecine. En 1859, elle organisa une société pour protéger les femmes isolées qui émigraient dans l'Ouest, et elle fit elle-même un ou deux voyages dans ces contrées. Elle se retira ensuite en Californie.

Mme Farnham a publié une édition de la *Jurisprudence criminelle*, de Sampson : *Vie dans la terre des prairies* (Life in Prairieland) ; en 1856, *la Californie au dedans et au dehors* (California in doors and out) ; enfin, en 1859, *Mes Premiers jours* (My early days).

FARREN * (W.). — Mort en 1861.

FAYOT * (A.-C.-F.). — Mort en 1861.

FELTON * (C.-C.). — Mort le 26 février 1862. Outre les travaux que nous avons cités de lui, il a traduit plusieurs pièces d'Eschyle et d'Aristophane, et il a fourni à la *Nouvelle Encyclopédie américaine* les principaux articles relatifs à la Grèce et aux Grecs.

FEUILHADE-CHAUVIN * (A.). — Mort en mars 1861.

FIELD (David-Dudley), jurisconsulte américain, né à Haddam, dans le Connecticut, le 13 février 1805, entra au barreau de New-York en 1828; mais il est surtout connu pour la part active qu'il a prise à la réforme des lois. En 1847, il fit partie de la commission qui prépara le nouveau code de procédure, et il y apporta des modifications qui non-seulement furent adoptées à New-York, mais encore dans le Missouri, l'Ohio, le Kentucky, l'Indiana, l'Alabama, le Minnesota, la Californie, l'Orégon et plusieurs autres États. En 1857, il a été nommé président d'une commission chargée d'ajouter au code de procédure, un code civil, un code pénal et un code politique.

Son frère, Cyrus-West Field, né à Stockbridge, dans le Massachussets, le 30 novembre 1819, après avoir acquis une grande fortune dans le commerce, voyagea en 1853 dans l'Amérique du Sud, puis, l'année suivante, conçut le projet d'établir un télégraphe transatlantique, et, dans ce but, obtint de la législature de Newfoundland un privilège qui lui garantissait pendant cinquante

ans le droit exclusif d'établir un télégraphe du continent américain à cette colonie, et de là en Europe. Depuis ce temps, il n'a cessé de s'occuper de cette grande entreprise, faisant de fréquents voyages en Angleterre et accompagnant toutes les expéditions chargées de l'immersion des câbles dans l'Atlantique.

FLOYD (John-Buchanan), homme politique américain, appartenant au parti séparatiste, né en 1805 à Pulaski, en Virginie, exerça la profession d'avocat dans son pays natal, de 1828 à 1835. A cette époque, il alla s'établir à Helena, dans l'Arkansas, mais il n'y resta que trois ans. Revenu en Virginie, il fut élu en 1847 à la chambre basse de cet État; en 1849, l'assemblée générale le nomma gouverneur, charge qu'il exerça jusqu'en 1853. En 1855, il fut réélu à la chambre législative, et, l'année suivante, il s'occupa très-activement de faire triompher la candidature de M. Buchanan. Celui-ci, devenu président, l'appela, en mars 1857, au secrétariat de la guerre. En 1860, lors du soulèvement de Charleston contre les autorités fédérales, M. Floyd, dévoué aux intérêts séparatistes, blâma vivement la conduite du major Anderson, sa retraite dans le fort Sumter et sa résistance aux sommations des Caroliniens ; il demanda même la révocation de cet officier, et, n'ayant pu l'obtenir, il donna sa démission (fin décembre 1860). Ses sympathies bien connues pour le Sud soulevèrent alors contre lui une foule de récriminations plus ou moins fondées : on l'accusa d'avoir, pendant son administration et avant même que la séparation eût commencé, puisé dans les arsenaux de l'Union pour fournir des armes aux confédérés; on lui reprocha aussi des malversations dont le chiffre s'élevait, suivant le bruit public, à plus de six millions de dollars ; le grand jury séant à Washington ordonna des poursuites, mais ce grief tomba devant l'enquête qui eut lieu.

Cependant l'ancien secrétaire de la guerre ne restait pas inactif : pourvu d'un commandement militaire, il opéra dans la Virginie occidentale et livra, le 10 septembre 1861, à Rosencranz le combat de Sommerville, à la suite duquel il fut forcé de se retirer en abandonnant son camp et ses munitions. Au commencement de la campagne suivante, il s'était enfermé avec Buckner et Pillow dans le fort Donelson ; il parvint à s'enfuir la nuit avec 5000 hommes, quelques jours avant la reddition de la place (16 février), et, en se retirant, il assura ses derrières en détruisant, malgré l'opposition des habitants, le chemin de fer de Nashville. Quelque temps après, le président Davis le nommait major-général des forces confédérées en Virginie.

FORBES (Charles-Stuart), marin et écrivain anglais, né en 1829 à Richmond, dans le comté de Surrey, entra dans la marine en 1841, et depuis ce moment jusqu'en 1845, prit part aux expéditions en Chine et à la Nouvelle-Zélande. Ses services dans cette dernière campagne lui valurent le grade de lieutenant. Dans la guerre contre la Russie, il fut envoyé dans la Baltique avec la canonnière *Redwing* ; en 1857, il prit en Chine le commandement de la canonnière *Algerine*, se distingua dans la rivière de Canton en 1858 et fut nommé commandant.

En dehors de ses services militaires, M. Forbes a fait partie de la première expédition envoyée à la recherche de sir John Franklin; il a fait un voyage en Islande dans l'été de 1859, et en 1860 il a accompagné Garibaldi, comme amateur, dans son expédition en Sicile et dans le royaume de Naples. Il a publié le récit de ces deux derniers voyages. En mai 1861, il a publié des remarques *Sur la nécessité et l'organisation d'une marine permanente* (Standing navy, its necessity and organization).

FORCADE-LAROQUETTE (Jean-Louis-Victor-Adolphe DE), administrateur français, ministre, né à Paris vers 1820, est frère utérin du maréchal de Saint-Arnaud. Il fit son droit à Paris, fut inscrit comme avocat à la Cour royale en 1841, prononça en 1845, à la conférence des avocats, un des discours de rentrée, dont le sujet était *le Barreau sous Louis XIV*, et fut reçu docteur en droit en 1846. Nommé maître des requêtes au conseil d'État, lors de la réorganisation de 1852, il fut, bientôt après, appelé aux fonctions de commissaire du gouvernement près la section du contentieux. Directeur général des forêts en 1857, avec le titre de maître des requêtes en service extraordinaire, il est devenu, en 1859, directeur général des douanes et des contributions indirectes et conseiller d'État en service ordinaire hors sections. Décoré de la Légion d'honneur en 1855, il a été promu officier le 2 août 1858 et commandeur le 2 août 1861.

M. de Forcade-Laroquette a été appelé au ministère des finances, par décret du 28 novembre 1860, en remplacement de M. Magne, nommé ministre sans portefeuille. Le principal fait de son administration fut l'émission de 300 000 obligations, dites trentenaires, enveloppées par son successeur dans la conversion volontaire du 4 1/2 pour 10 (juillet 1861). Le 12 novembre suivant, un décret impérial le remplaça par M. Fould, dont la rentrée aux affaires fut marquée par une modification importante de la Constitution de l'Empire, en matière de finances. M. de Forcade entra alors au Sénat (14 novembre).

FORGACH (Cte Antoine DE), homme politique hongrois, né en 1819, commença sa carrière administrative à la chancellerie d'Ofen, fut ensuite envoyé à Fiume, et, en 1848, fut un des rares magnats qui prirent parti pour l'Autriche. Attaché comme commissaire civil au corps du général Paniutine, il devint ensuite commissaire général du district de Presbourg; puis, en 1851, obergespan du gouvernement de Cracovie. Deux ans après il était nommé vice-gouverneur à Prague, et, au commencement de 1860, chargé du gouvernement de la Moravie, qu'il échangeait au mois d'octobre de la même année contre celui de la Bohême.

Au mois de juillet 1861, lors du conflit qui s'é-

leva entre la Hongrie et l'Empereur d'Autriche et qui se termina par la dissolution de la diète hongroise, M. de Forgach fut nommé chancelier de Hongrie en remplacement du baron Vay. Déjà impopulaire par ses sympathies bien connues pour l'Autriche, M. de Forgach se vit encore contraint d'appuyer son autorité sur des mesures rigoureuses. Il proclama d'abord les droits imprescriptibles de l'empereur sur la Hongrie et déclara qu'il ne souffrirait aucune discussion ou protestation qui pût y porter atteinte; en même temps, il remplaça les obergespans par des commissaires royaux et les comitats par des commissions d'hommes qu'il choisit; il désarma les milices nationales qui commençaient à s'organiser et supprima les journaux les plus avancés. Ces précautions toutefois furent insuffisantes, et pour assurer le recouvrement des impôts et le recrutement, l'empereur fut obligé, le 9 novembre, de dissoudre le conseil de lieutenance, de suspendre provisoirement la cour royale et de confier au comte Palffy une sorte d'autorité dictatoriale qui soumettait à peu près le pays à l'état de siège. M. de Forgach conserva néanmoins ses fonctions de chancelier de Hongrie.

FORTESCUE * (H. FORTESCUE, 3ᵉ comte). — Mort le 14 septembre 1861.

FRANCIS * (J.-W). — Mort en 1861.

FRANCK-CARRÉ * (P.-F. CARRÉ, dit). — Mort en juin 1862. Il était grand-officier de la Légion d'honneur.

FRANZONI * (L.). — Mort à Lyon, le 26 mars 1862.

FRASER (Charles), peintre américain, né le 20 août 1782 à Charleston, Caroline du Sud, fit d'abord des études de droit et débuta au barreau en 1807 avec tant de succès que, malgré ses désirs, il dut, pendant plusieurs années, renoncer complètement à ses études artistiques. Ce ne fut qu'en 1818 qu'il y revint : il s'occupa spécialement de la miniature et acquit bientôt dans ce genre une véritable célébrité, bien qu'il ait cultivé aussi avec bonheur la peinture historique et les sujets de nature morte. Dans une exposition de ses œuvres, qui a eu lieu à Charleston en 1857, on comptait 313 miniatures et 139 tableaux à l'huile, paysages, etc. On a aussi de M. Fraser quelques poésies et des articles dans les publications périodiques.

FRÈRE * (C.-T.). — Est né en 1815.

FRÉDÉRIC-GUILLAUME IV *. — Mort le 1ᵉʳ janvier 1861.

FREYTAG * (G.-G.-F.). — Mort en novembre 1861.

FRORIEP * (R. DE). — Mort en 1861.

G

GALIGNANI (Jean-Antoine et William), éditeurs français, nés à Londres, le premier le 13 octobre 1796, le second le 10 mars 1798, tous deux naturalisés, sont les directeurs et propriétaires du journal anglais politique et quotidien publié à Paris sous leur propre nom *Galignani's Messenger*, et fondé par leur père en 1814. Celui-

ci, natif de Brescia et familier avec un grand nombre de langues, avait établi à Paris, dès 1800, une librairie anglaise et publié depuis 1808 une revue mensuelle très-importante *Monthly Repertory of english Literature, arts, sciences, etc.* A sa mort (1821), le *Galignani's Messenger* prit, entre les mains de ses fils, beaucoup d'extension, devint quotidien et adopta le format des grands journaux de Londres et de Paris. Le but politique de ce journal est le maintien et le progrès de l'entente cordiale entre la France et l'Angleterre. C'est l'aîné des deux frères qui le signe comme gérant. Sous Louis-Philippe, M. William Galignani, longtemps maire de Soisy-sous-Étioles, a été décoré de la Légion d'honneur.

GARNAUD * (A.-M.). — Mort en décembre 1861. Était chevalier de la Légion d'honneur.

GASPARIN * (A.-E.-P. comte DE). — Mort le 7 septembre 1862.

GAUERMANN * (F.). — Mort en 1862.

GELLIBERT DES SÉGUINS * (N.-P.). — Mort en 1861. Il était chevalier de Saint-Louis.

GEOFFROY SAINT-HILAIRE * (J.). — Mort le 10 novembre 1861.

GFROERER * (A.-F.). — Mort le 9 juillet 1851.

GHIKA * (A.). — Mort en janvier 1862.

GIBON (Alexandre-Edme), professeur de philosophie française, né à Paris, le 4 octobre 1798, suivit pendant quelques années les cours du lycée Charlemagne, et termina ses études avec quelque succès au collège royal de Henri-Quatre. Après cinq ans d'enseignement au collège communal de Châlons-sur-Marne, où il avait été nommé régent de philosophie en 1820, il fut reçu agrégé pour les classes de philosophie en 1825, et resta deux ans agrégé suppléant sans fonctions. Depuis 1827 jusqu'en 1858, il enseigna sans aucune interruption la philosophie dans plusieurs collèges royaux de Paris, mais principalement au collège royal de Henri-Quatre (aujourd'hui lycée Napoléon), qui pendant vingt-six ans le compta parmi ses meilleurs professeurs. Les succès nombreux et constants des élèves de M. Gibon dans les concours généraux, constatent l'habileté de son enseignement. Il fut nommé chevalier de la Légion d'honneur en 1847, sur la proposition des proviseurs des collèges royaux de Paris, consultés par le ministre. Il fut mis prématurément à la retraite en 1858, par une application rigoureuse du règlement sur la limite d'âge. M. Gibon, qui passait pour avoir conservé une certaine fidélité aux idées de Condillac, au milieu de la réaction générale contre elles, a publié en 1842 un *Cours de Philosophie* en deux volumes.

GIRAUDEAU * (J., dit GIRAUDEAU DE SAINT-GERVAIS). — Mort en 1861.

GLAESER * (F.). — Mort en 1862.

GOODYEAR * (C.). — Mort à New-York, le 7 juillet 1860.

GORE * (C.-G. FRANCIS, mistress). — Morte le 29 janvier 1861. Veuve depuis 1846, elle a eu dix enfants, dont deux seulement lui survivent : un fils, A. W. GORE, qui s'est distingué dans l'Inde, et une fille qu'un fils du second marquis de Bath, lord Edward THYNNE, devenu veuf, a épousée. Dans son testament, elle a recommandé à ses enfants d'empêcher, autant que possible, la publication de toute notice ou biographie posthume sur son compte, ainsi que toute nouvelle édition de ses œuvres.

GORIA * (A.). — Mort à Paris, le 6 juillet 1860.

GORTSCHAKOFF * (M.).—Mort le 30 mai 1861. Depuis la fin de la guerre de Crimée, le prince Gortschakoff était lieutenant du czar en Pologne, et cherchait à y appliquer le système de la conciliation : c'est lui qui avait autorisé la fondation de la société agronomique, dont le rôle fut si important en 1861. Au commencement de cette année, il fut appelé, tout en conservant son gouvernement, à siéger dans le conseil de l'empire où s'élaborait le projet de l'émancipation des serfs. Mais les événements de Varsovie ne tardèrent pas à occuper toute son attention. On sait avec quelle sévérité les premiers désordres furent réprimés par le général Zabolotskoy (27 février), mais cette répression ne fit qu'exaspérer les esprits, et le prince Gortschakoff, en voyant l'attitude de la population, consentit à quelques concessions momentanées et autorisa la rédaction d'une adresse à l'empereur. Il désavoua le gouverneur civil, M. Muchanoff, qui, dans une circulaire, avait cherché à exciter les paysans contre les propriétaires. Le 31 mars, il publia l'ukase par lequel l'empereur, en réponse à l'adresse qu'on lui avait envoyée, octroyait quelques réformes. Mais cette publication fut suivie de mesures impopulaires : renvoi de la délégation polonaise qui maintenait l'ordre public, licenciement des constables volontaires qui la secondaient, enfin dissolution de la société agronomique dont on redoutait l'influence (7 avril). Dès le lendemain les troubles, et par conséquent la répression et les arrestations recommencèrent. Le prince était souffrant depuis quelque temps ; soit par la marche régulière de la maladie, soit, comme on l'a dit, qu'il ait été vivement frappé par les tristes scènes au milieu desquelles il se trouvait, il ne tarda pas à succomber (30 mai). Il fut remplacé par le général Shoukozanett, et, conformément à ses dernières volontés, son corps fut transporté à Sébastopol et inhumé dans cette ville, qu'il avait défendue avec tant d'opiniâtreté contre les armées anglo-françaises.

GRAHAM * (sir J.-R.-G., 2e baronnet). — Mort le 25 octobre 1861.

GRAMMONT * (J.-P. DELMAS DE). — Mort le 14 juin 1862. Né le 22 juillet 1792, il était entré au service en 1812. Il était considéré comme un de nos généraux de cavalerie les plus distingués, et il a, dit-on, largement contribué aux progrès de cette arme.

GRANT (sir James HOPE), général anglais, né en 1808, et cinquième fils d'une nombreuse famille, entra dans l'armée en 1826. Il fit diverses campagnes en Chine et dans les Indes et obtint deux médailles pour ses services distingués. Pendant la guerre de 1848-1849, il commanda un régiment dans le Pendjab et prit part à toutes les grandes affaires de ces deux années. Il reçut le brevet de colonel en 1854. Il se signala surtout dans la répression de la dernière révolte, fut promu lieutenant général et fait chevalier à vie (*Knight bachelor*) en 1858. L'année suivante, le Parlement lui vota des remercîments « pour ses éminents services dans l'Inde. » En 1860, sir James Hope Grant fut choisi pour commander, avec le général français Cousin-Montauban, l'expédition des alliés en Chine, et dirigea avec lui cette rapide et brillante campagne, signalée par la prise des forts Ta-kou, les deux grandes victoires de Chang-Kia-Wang et Pali-Kiao (18 et 21 septembre 1860), et l'entrée victorieuse des forces anglo-françaises dans la capitale même du

Céleste Empire. Le parlement britannique lui vota des remerciments (février 1861); l'empereur des Français le nomma grand-officier de la Légion d'honneur, et la cité d'Édimbourg lui conféra le droit de bourgeoisie. Il revint eu Europe après avoir visité le Japon. A la fin de décembre 1861, sir J. Grant reçut le commandement en chef du gouvernement de Madras.

GRAZIANI * (François), chanteur italien, né à Fermo (États-Romains), le 26 avril 1829, eut pour maître, dans sa ville natale, le professeur Cellini, puis débuta avec succès au théâtre Ventidius-Bassus, d'Ascoli, dans la *Gemma di Vergy*, de Donizetti. Après de nouvelles études il parut successivement aux théâtres de Macerata et de Chieti (1851-1852), à Pise, à Florence et à Paris, dans l'hiver de 1853-1854. Au printemps suivant, il fit un voyage à New-York, revint à Paris où il fut attaché au Théâtre-Italien pour les saisons d'hiver jusqu'en 1861, tandis que le théâtre de Covent-Garden l'engageait jusqu'à la même époque pour les saisons d'été. À partir de 1861, il est engagé pour trois ans par le Théâtre-Impérial de Saint-Pétersbourg.

M. F. Graziani, doué d'une voix de baryton très-sympathique et d'un talent distingué de chanteur, a trouvé ses principaux rôles dans les ouvrages suivants : *I Masnadieri*, *Don Pasquale*, *Luisa Miller*, *Maria di Rohan*, *Lucia*, *Ernani*, *Elisir d'Amore*, *la Favorita*, *Il Trovatore*, l'un de ses plus grands succès, *la Donna del Lago*, *Otello*, *I Puritani*, *Beatrice di Tenda*, *le Tre nozze*, d'Alari, *Assedio di Firenze*, de M. Bottesini, *il Balbiere*, *Don Giovanni*, *Marta*, *il Giuramento*, *la Traviata*, *Rigoletto*, *Un ballo in Maschera*.

Son frère aîné, Ludovic GRAZIANI, né à Fermo, en août 1823, après avoir débuté au théâtre Valle de Rome, s'est fait entendre à Paris dans *Don Pasquale*, en 1852. Accueilli depuis très-favorablement à Vienne, à Milan, à Turin, à Venise, à Trieste, à Palerme, à Naples, il revint à Paris en 1858, fut engagé ensuite à Londres, à Barcelone, à Bologne, et enfin au théâtre Apollo de Rome. Il a surtout chanté avec succès dans *la Traviata*, dont le rôle d'Alfr. Germon avait été écrit pour lui, dans *il Trovatore*, *Rigoletto*, *il Giuramento*, *Un ballo in Maschera*.

GRÉTERIN * (T.). — Mort en mai 1861.

GREVEDON (Pierre-Louis-Henri), peintre et lithographe français, né à Paris, le 17 octobre 1776, fils d'un officier attaché au service du roi, manifesta de bonne heure sa passion et son aptitude pour le dessin. Élève et, dès l'âge de treize ans, lauréat de l'Académie qui fut supprimée par la Révolution, il eut pour maître Regnault, concourut sans succès pour le prix de Rome, mais obtint, à l'exposition de 1804, pour son *Achille débarquant sur le rivage de Troie*, une médaille de 1re classe. Il alla s'établir en Russie où il eut une grande vogue et devint membre de l'Académie de Saint-Pétersbourg. En 1812, il passa à Stockholm, et l'année suivante en Angleterre, où il séjourna cinq ans et peignit un grand nombre de portraits, dont plusieurs ont été reproduits par la gravure. Revenu en France, il se tourna vers la lithographie et se fit un nom dans cet art nouvellement découvert. C'est comme lithographe qu'il exposa de 1824 à 1845, obtint plusieurs médailles. De 1846 à 1859, M. Grevedon exposa de nouveau un certain nombre de tableaux.

On cite, parmi ses publications lithographiques : *les Orateurs chrétiens*, *les Mois*, *les Quatre parties du monde*, *les Quatre éléments*, *l'Alphabet des Dames*, *le Miroir des Dames*, etc. Ses principaux ouvrages sont : *la Maîtresse du Titien*, *Vénus et Cupidon*, d'après le Corrège; *Françoise de Rimini*, d'après Coupin; *le Zéphir*, d'après Prudhon; *la duchesse de Berri*, d'après Lawrence; *Mademoiselle Mars*, d'après Gérard; *les princesses d'Orléans*, d'après M. Winterhalter : *Spontini*, *Mademoiselle Falcon*, *Mademoiselle Rachel*, d'après nature. — M. Grevedon, que, par une erreur de nécrologie, certains recueils ont confondu avec un de ses fils mort du choléra en 1849, est mort le 1er juin 1860. Il avait été décoré de la Légion d'honneur en 1832.

GUILLAUME * (A.-L.-M.-F.), duc de Brunswick. — Est né en 1806.

GUILMETH (Alexandre-Auguste), archéologue français, né à Brionne (Eure), le 2 décembre 1807, acheva ses classes au collège de Bernay, fut maître d'études au collège de Rouen, surveillant général à celui d'Amiens, et enfin censeur et inspecteur aux collèges de Dieppe et de Juilly. Livré avec ardeur aux études archéologiques sur l'ancienne province de Normandie, il est membre de plusieurs sociétés savantes.

M. Guilmeth a publié un grand nombre de notices ou d'ouvrages historiques, dont quelques-uns très-considérables, sur diverses villes et localités célèbres de la Normandie, notamment : *le château de Brionne* (1831, in-4°); *la Ville de Pont-Audemer* (1832, in-8°); *la Ville de Brionne* (1834, in-8°); *la Ville et les environs d'Evreux* (1835, in-8°); *la Ville et l'arrondissement de Neufchâtel en Bray* (1836, in-8°); *les Environs de Dieppe* (1836, in-8°); *la Ville et l'arrondissement du Havre* (1836-38, in-8°, deux parties); *la Ville et l'arrondissement d'Yvetot* (1836-37, in-8°); *la Ville et le canton d'Elbeuf* (1838, in-8°), et autres travaux de même nature formant la *Description historique de la Normandie*, collection plusieurs fois rééditée de 1836 à 1850 (12 vol. in-8° avec plans et grav.); une *Notice biographique et littéraire sur A.-A. Guilmeth* (Didot, 1860) donne la bibliographie détaillée de ses travaux.

GUINOT * (E.). — Mort en février 1861.

H

HALÉVY * (J.-F.-E.-F.). — Mort en mars 1861. Le Corps législatif a voté une pension de 5000 fr. à la veuve de la grand artiste. Bien qu'elle ne s'occupe pas de sculpture, Mme Halévy a modelé de mémoire le buste de son mari, et elle a, dit-on, parfaitement reproduit les traits et l'expression de son visage.

HALLECK (Henry-W...), général américain au service de l'Union, né vers 1820, entra à l'école militaire de West-Point, servit ensuite dans l'artillerie, où il obtint le grade de capitaine, puis donna sa démission. Lors de la scission, ses sympathies l'attiraient vers le Nord : il reprit donc du service et s'occupa surtout de tactique et d'administration, après la retraite du vieux général Scott, qui avait d'abord été chargé de diriger l'ensemble des mouvements des armées fédérales. C'est aux heureuses combinaisons du général Halleck qu'on attribue la série de succès remportés momentanément par le Nord, depuis la prise du fort Donelson jusqu'à l'évacuation de Corinth par Beauregard et la prise de Memphis. Au mois de novembre 1861, il remplaça le général Frémont dans le commandement du département militaire de l'ouest. Il y montra la plus grande fermeté et prit d'abord des mesures énergiques : en même temps qu'il établissait dans son armée la discipline la plus sévère et qu'il en bannissait les nègres et les correspondants de journaux, il ordonnait d'arrêter tous les rebelles et tous ceux qui leur prêteraient appui, de confisquer leurs biens, de fusiller les espions ; il plaçait sous le contrôle absolu de l'autorité militaire la navigation du Missouri et du Mississipi, et menaçait les délinquants de la loi martiale ; enfin il exigeait le serment à l'Union de la part de tous les ecclésiastiques, universitaires, directeurs de railways et autres fonctionnaires.

Le 11 mars 1862, le général Halleck fut mis à la tête du département du Mississippi ; il prit à Pittsburg-Landing le commandement des forces qu'on lui confiait et y apporta ses habitudes de sévérité militaire. Les confédérés ayant été obligés d'évacuer Corinth, il y entra le 30 mai, y fit 2000 prisonniers et y établit son quartier-général. Le Tennessee et le Kentucky ayant été compris dans son commandement, il s'empara, vers le 15 juin, de la ville de Chattanouga, dans le Tennessee, sur les limites de l'Alabama et de la Géorgie. En occupant ce point important, centre de chemins de fer et d'industries métallurgiques, il essaya de rétablir les communications ferrées avec le N.-O., pour faciliter les mouvements des munitions et des troupes. Quelques semaines plus tard, le 11 juillet, il était nommé commandant en chef de toutes les forces militaires des États-Unis, et le 8 septembre il devenait secrétaire de la guerre, en remplacement de M. Stanton. Sa nomination produisit le meilleur effet dans les esprits découragés par les derniers revers de l'Union. Le général Halleck est considéré, en effet, comme un des hommes éminents du gouvernement fédéral : on loue l'élévation de son caractère, son talent d'administrateur, sa profonde science de la guerre, son expérience et son jugement. Il a publié sur la tactique militaire un excellent traité fort estimé des hommes spéciaux.

HARDING (Chester), peintre américain, né le 1er septembre 1792, à Conway, dans le Massachussets, d'une famille pauvre, fut d'abord tourneur de chaises, laboureur, puis soldat dans la guerre avec l'Angleterre en 1812. Il passa ensuite par les vicissitudes les plus étranges ; sans fortune et chargé de famille, il entreprit une fourniture de tambours pour le gouvernement de l'Union, vendit à l'État de Connecticut un métier à filer de son invention, alla chercher fortune à New-York, en Calédonie, et s'y fit ébéniste. N'obtenant pas, malgré toutes ces tentatives, le succès qu'il espérait, il laissa momentanément sa femme et ses enfants, partit pour l'Alleghanny, descendit sur un radeau jusqu'à Pittsburgh et y exerça la profession de peintre en bâtiments. Lorsque ce travail lui eut procuré quelque argent, il revint, à pied et sans guide, pour chercher sa famille, qu'il ramena bientôt à Pittsburgh sur un radeau, comme il y était venu lui-même à son premier voyage. Il se mit alors à peindre les attributs : toutefois sa situation était toujours des plus précaires, lorsqu'une circonstance fortuite lui révéla son aptitude pour le portrait. Il s'y appliqua aussitôt avec ardeur, voyagea pour se perfectionner dans cet art, vint en Angleterre en 1823, et enfin s'établit à Boston avec une réputation qui lui garantissait un brillant avenir. Les principaux portraits peints par cet artiste sont : en Angleterre, ceux du feu *duc de Norfolk*, de *Samuel Rogers*, de *lord Aberdeen* ; en Amérique, ceux des présidents *Madison*, *Monroë*, *F. G. Adams*, *Henry Clay*, *Daniel Webster*, *J. C. Calhoun*, etc.

HARLESS * (T.-C.-A.). — Mort en 1862.

HARTMANN * (A.-F.). — Mort en 1861.

HASSE * (F.-R.). — Mort en octobre 1862.

HASSEMPFLUG * (H.-D.-L.-F.). — Mort en octobre 1862.

HAYES * (miss C.). — Morte le 11 août 1861, à Sydenham. En 1857, elle avait épousé un M. Bushnell, qui la laissa bientôt veuve : elle n'a jamais porté au théâtre le nom de son mari.

HEIBERG * (J.-L.). — Mort à Paris, le 25 août 1860.

HEIDEGGER * (C.-G.), ou baron DE HEIDECK. — Mort le 21 février 1861.

HENRION * (M.-R.-A., baron). — Mort en septembre 1862.

HENSEL * (G.). — Mort en novembre 1861.

HERBERT * (sir T.). — Mort le 4 août 1861.

HERBERT * (S.). — Mort le 2 août 1861. Son administration a été marquée par l'organisation des corps de volontaires, par l'introduction du canon rayé, par la fusion de l'armée des Indes avec l'armée royale. Au commencement de 1861, sentant ses forces décliner, il avait quitté la chambre des communes pour ne conserver que son siège à la chambre des pairs avec le portefeuille de la guerre.

HERNOUX * (C.-C.-E.). — Mort en 1861.

HESSE-DARMSTADT * (M.-C.-F.-W.-C., grande duchesse DE). — Morte en mai 1862.

HARTSHORNE (Charles-Henry), savant anglais, né en 1803, fit ses études à Cambridge, entra dans les ordres et devint pasteur de Holdenby, près de Northampton. Il s'est beaucoup occupé d'antiquités et, indépendamment de nombreux articles sur l'histoire, l'architecture et l'archéologie insérés par lui dans des publications périodiques, il a publié une foule d'ouvrages, parmi lesquels nous nous bornerons à citer : *Book Rarities in the University of Cambridge* (1829) ; *Vieux contes en vers* (Ancient metrical Tales, 1829) ; *Sepulchral monuments in Northamptonshire* (1829) ; *Historical memorials of Northampton* (1848) ; *Parliaments and Councils of Shrewsbury, — of York, — of Lincoln, — of Oxford, — of Acton-Burnel* : chacun de ces ouvrages forme un volume. *Early remains in the Isle of Arran ; History of Rockingham Castle, — of Porchester Castle, — of Peverel's Castle in the Peak, — of Carnarvon and the North Welsh Castles* : chacun de ces ouvrages forme un volume. *L'origine de l'imprimerie* (The Origin of Printing, 1848) ; *La maison du travailleur* (Home of the Working man, 1856), etc. M. Hartshorne est membre de la Société des antiquaires de Newcastle-on-Tyne et de la Société française pour la conservation des monuments historiques de France.

HIEN-FOUNG *. — Mort en juillet 1861. — Avant de monter sur le trône, il s'appelait I. Tchou. — Après la bataille de Pali-kiao, où il avait été témoin de la déroute de son armée, Hien-Foung ne rentra à Pékin que pour dicter une proclamation où il qualifiait les alliés de rebelles, et d'insensés qui ne pourraient jamais arriver jusqu'à lui, puis il partit pour sa résidence de Jehol en Mongolie. Lorsque son frère, le prince Kong, eut traité avec les alliés, il refusa longtemps de rentrer dans sa capitale; il paraissait cependant décidé à revenir, et son retour était fixé au 30 avril 1861, quand il tomba malade et fut transféré à son palais de Moukden en Mandchourie, où il mourut quelques semaines après. S'il faut en croire les correspondances anglaises, l'empereur Hien-Foung aurait rappelé par ses excès ceux que l'histoire attribue aux empereurs romains les plus corrompus; livré presque constamment à l'ivresse et à tous les raffinements de la sensualité, il ne se serait entouré que d'hommes odieux qu'il laissait gouverner en son nom.

HOHENLOHE-KIRCHBERG * (C.-F.-L.-H., prince DE). — Mort le 17 décembre 1861.

HOPE (Sir James), vice-amiral anglais, né à Édimbourg en 1808, entra à l'École de marine à douze ans, fit deux ans plus tard sa première campagne, et devint capitaine en 1838. En 1845, il fit partie, comme commandant du vapeur *Firebrand*, de l'escadre anglaise qui, sous les ordres du capitaine Hotham, se joignit aux navires français pour mettre à la raison le dictateur Rosas. Au combat de *l'Obligado* (20 novembre), le commandant Hope fit preuve d'une rare intrépidité : au plus fort de l'action, il descendit dans son canot et alla lui-même, sous le feu des batteries ennemies, couper les chaînes de l'estacade qui barrait aux alliés le cours du Parana. Devenu contre-amiral du pavillon blanc et tenant temporairement le rang de vice-amiral, il fut chargé en 1860 du commandement supérieur des forces anglaises dans les Indes-Orientales et la Chine. Sir J. Hope exerça ses fonctions de manière à mériter les félicitations publiques du Parlement britannique.

Après l'expédition anglo-française, resté en Chine avec quelques troupes des deux nations, il y joignit un corps de Chinois et, de concert avec l'amiral Protet, se mit en mesure de combattre l'insurrection des Taëpings. Il les battit en plusieurs rencontres, notamment à Kao-Kiao (21 février), à Siao-Tan (1er mars) et à Wongka-dza (4 avril 1862) où il fut blessé à la jambe. Sir James Hope est chevalier commandeur de l'ordre du Bain, et grand-officier de la Légion d'honneur en 1861.

HOUSTON * (S.). — Mort en novembre 1861.

HUNTER (Robert-Mercer-Taliaferro), homme politique américain, né dans le comté d'Essex, en Virginie, le 21 avril 1809, entra au barreau en 1830, à la Chambre des représentants en 1832 et en 1837 au Congrès, où il débuta en défendant les principes du libre échange. Il présida la session suivante avec une distinction qui, à la clôture des débats, lui valut des félicitations unanimes. Plus tard, il combattit vivement les lois sur les tarifs protecteurs, échoua aux élections de 1843, mais fut de nouveau nommé en 1845; il soutint la politique du président Polk, se montra, le premier, favorable à l'annexion du Texas, conclut, dans la question de l'Orégon, pour un arrangement raisonnable avec l'Angleterre, et fut un des auteurs du fameux bill d'Entrepôt, qui permettait aux négociants d'user des magasins de l'État pour déposer leurs marchandises et les retirer à leur gré. En 1847, réélu au Sénat. il soutint la loi sur les esclaves fugitifs, combattit l'admission de la Californie dans l'Union, et s'opposa non-seulement à l'abolition du trafic des esclaves dans la Colombie, mais encore à toute intervention de ce genre dans un État quelconque. En 1850, président du comité des finances, il essaya d'entraver l'exportation de la monnaie d'or et d'argent en y apportant quelques altérations ; il s'occupa activement, en 1852, de l'élection du président Pierce, en 1859, de celle de M. Buchanan; l'année suivante il fit adopter les tarifs qui ont été en vigueur jusqu'à l'élection de M. Lincoln. Nommé au Sénat pour la troisième fois en 1858, il continua de prendre une grande part aux affaires, abordant surtout à la tribune les questions d'annexion et d'esclavage. Bien qu'il ne soit pas abolitionniste, il a toujours porté dans ces discussions un esprit de modération et de convenance dont il semble s'être fait une loi dans sa vie publique.

Son homonyme, David HUNTER, général dans l'armée fédérale, professe au contraire des opinions abolitionnistes bien connues, et qu'il a déjà cherché plusieurs fois à faire prévaloir dans les limites de son commandement, malgré les efforts du gouvernement de l'Union. Chargé, le 1er novembre 1861, de remplacer le général Frémont à la tête de l'armée du Mississipi, il ne cessa de chercher à appliquer ses idées jusqu'au mois de mars 1862, où il remit son armée au général Halleck, pour diriger les opérations dans les deux Carolines, la Géorgie et la Floride. Le 12 avril, il prit le fort Pulaski, et, dès le lendemain, il confisqua et déclara libres toutes les personnes de couleur qui s'y trouvaient. Le 25 avril, il mit en état de siége la Caroline du Sud, la Floride et la Géorgie, et décréta, le 9 mai, l'affranchissement des esclaves dans ces trois États, sous prétexte que l'esclavage était incompatible avec l'état de siége. Mais ces mesures parurent prématurées, et le président Lincoln les annula le 19 mai. Sans se décourager, le général écrivit, le 23 juin suivant, au ministre de la guerre qu'il avait levé un régiment de nègres prêts à marcher contre leurs anciens propriétaires rebelles, qu'il espérait mettre ainsi sur pied une armée de 50 000 hommes, et qu'il ne voyait aucun inconvénient à employer toutes les personnes loyales qui voudraient combattre la rebellion. Ces tentatives soulevèrent des protestations de la part des confédérés, et même des menaces de représailles de M. Jefferson Davis lui-même.

I

ISKENDER-bey* (comte ILLINSKY). — Mort en 1861.

ISMAÏL-pacha* (muchir). — Mort à Constantinople en juin 1861.

J

JACKSON (Thomas-Jefferson), surnommé *Stonewal*, général américain séparatiste, né en Virginie vers 1825, fut élève de West-Point, en même temps que Mac-Clellan. Il fit avec distinction la guerre du Mexique, dans la batterie de Magruder. Depuis la scission, il a acquis le renom d'un général actif, rapide de conception et d'exécution, fécond en surprises, et d'une bravoure presque téméraire. Le 7 avril 1862, il se distingua à la bataille de Pittsburg-Landing, dans l'Alabama. Quelques jours après, se portant sur le haut Potomac, pendant que Mac-Clellan était devant Richmond, il profita de la dispersion des autres généraux fédéraux pour les combattre isolément, et les retenir loin de la capitale confédérée. Il dispersa à Mac-Dowell les troupes de Milroy et de Schenk, surprit Front-Royal le 23 mai, chassa Banks, le lendemain, de Winchester, dut à son tour évacuer Front-Royal, mais compensa cet échec en battant Frémont à Cross-Keys et Shields à Port-Republic (9 juin). Après avoir, par cette série de brillantes opérations, empêché la concentration des forces fédérales, il parvint lui-même à sortir de la vallée de la Shenandoah, traversa les montagnes Bleues, et parut tout à coup devant Richmond, où son arrivée décida la retraite de Mac-Clellan. Pour la hâter, Jackson, de concert avec Lee, livra aux fédéraux, le 27 juin, la bataille de Gaine's-Mill et la gagna. Il poursuivit ensuite l'armée du Potomac, puis marcha sur Washington, que protégeait l'armée de Virginie aux ordres du général Pope. Il rencontra d'abord le corps de Banks, de cette armée, et lui livra, à Cedar-Mountain, un combat acharné. Continuant sa marche, il se joignit à Lee et rejeta Pope au delà du Rappahannock après quatre jours de combats (20-23 août). La lutte recommença le 27 à Manassas et se termina le 30 août par la défaite des fédéraux. Jackson envahit aussitôt le Maryland et courut assiéger l'important arsenal d'Harpers'-Ferry, qu'il occupa (13 septembre) et où il trouva une quantité énorme de vivres et de munitions. Mais apprenant que Mac-Clellan venait de battre Lee à Hagerstown (14 et 15 septembre), il accourut au secours de son collègue, et livra avec lui la bataille d'Antietam (17 septembre), qui se termina par la victoire des troupes fédérales et força les deux généraux séparatistes à repasser le Potomac.

JACQUES ou **GIACOMO** (Luigi MAROCCO, en religion le Père), prêtre italien, né en 1808, à Poirino, village des environs de Turin, appartient à l'ordre des Franciscains *minori osservanti reformati*, et s'est trouvé mêlé aux âpres controverses qui divisaient ces religieux. En 1852, le Père Ignace, curé de la paroisse de la Madone-des-Anges, ayant été obligé de se retirer devant le mécontentement populaire, il fut choisi pour le remplacer, mais seulement avec le titre d'administrateur pendant la vie du titulaire. L'attention publique s'est portée sur le Père Jacques à l'occasion de la mort du comte de Cavour, dont il était le confesseur, et surtout à cause des rigueurs maladroites que la cour de Rome crut devoir lui faire subir. Appelé auprès du pape pour rendre compte de sa conduite, il fut reçu avec froideur par le souverain pontife, interrogé par le saint-office, qui essaya en vain de lui faire déclarer que le moribond avait signé un acte de rétractation, et il se borna à répondre que son pénitent était mort chrétiennement. A son retour à Turin, le Père Bernardino, ministre général de l'ordre, lui enleva l'administration de sa paroisse et prononça contre lui la suspension *a divinis*. En revanche, le roi Victor-Emmanuel lui conféra les insignes de l'ordre des saints Maurice et Lazare.

JAMES * (G. PAYNE RAINSFORD). — Mort en 1860.

JANCIGNY * (A.-P. DU BOIS DE). — Mort à Chandernagor, le 20 mars 1860.

JANIN * (A., baron). — Mort en mai 1861.

JOBARD * (J.-B.-A.-M.). — Mort en octobre 1861.

JOMARD * (E.-F.). — Mort le 23 septembre 1862.

JORDAN * (S.). — Mort le 14 avril 1861.

JOURNET * (J.). — Mort en 1861.

JUAREZ (Benito), président constitutionnel de la république du Mexique, né dans les premières années du XIXe siècle, appartient à la race indienne. Pauvre et sans appui, il eut dans sa jeunesse à lutter contre mille obstacles, mais il en triompha par son opiniâtreté, se fit recevoir docteur en droit, puis devint avocat, et se signala dans cette profession pour attirer sur lui l'attention publique. Il entra assez tard aux affaires comme gouverneur de l'État d'Oaxaca; en 1856, il fut représentant de sa province au Congrès; l'année suivante, il devint président de la cour suprême de justice, titre qui lui assurait, en cas d'intérim, la vice-présidence de la république.

Lors de la chute de M. Comonfort et de son remplacement par le général Zuloaga, M. Juarez, qui était à la tête du parti dit constitutionnel, protesta au nom de la constitution de 1857, refusa de reconnaître le nouveau pouvoir, et parvint à s'établir à la Vera-Cruz, où il organisa un gouvernement. La guerre civile commença : le sort des armes fut d'abord contraire aux partisans de M. Juarez que le général Miramon, commandant de l'armée du Nord, battit dans plusieurs rencontres; mais ces combats, compensés d'ailleurs par les revers du général Écheagaray, à la tête de l'armée de l'Est, restèrent sans résultat, par suite de l'incapacité politique du président Zuloaga.

Après la sédition militaire qui renversa Zuloaga (23 décembre 1858), et qui mit à sa place Miramon, M. Juarez repoussa hautement toute proposition d'arrangement. Miramon voulut l'attaquer à la Vera-Cruz, mais le parti constitutionnel tenta sur Mexico une diversion assez inquiétante pour forcer le jeune général à revenir sur ses pas. Il réussit à comprimer ce mouvement; mais en ce moment même (avril 1859), le gouvernement de M. Juarez obtenait un important avantage : il était reconnu par le cabinet de Washington, qui pourtant avait reconnu le général Miramon quelques mois auparavant. Ce revirement tenait à une question d'intérêt particulier : M. Forsyth, ministre à Mexico, avait vainement sollicité dans cette ville la conclusion d'un traité qui aurait placé sous une sorte de protectorat de l'Union les provinces méridionales de Chihuahua et Sonora, communication naturelle avec le golfe de Californie. M. Juarez ayant consenti à cette concession, le gouvernement américain n'hésita pas à reconnaître celui des deux pouvoirs qui lui était le plus favorable. Le général Miramon protesta, mais son rival se hâta de profiter de la sanction officielle qu'il venait d'obtenir pour témoigner de son existence par des actes. Il décréta l'institution du mariage civil, promit de nombreuses réformes, poussa l'exécution du chemin de fer de la Vera-Cruz à Mexico, et prononça la confiscation des biens du clergé.

Pendant tout ce temps, la guerre continuait sans résultat décisif entre les partisans des deux gouvernements; une foule de combats étaient livrés avec des chances diverses, et M. Juarez pouvait au moins, à la Vera-Cruz, se soutenir avec le produit des douanes, pendant que le gouvernement de Mexico manquait d'argent. En mars 1861, le général Miramon vint assiéger la Vera-Cruz. M. Juarez résista non-seulement aux attaques de vive force, mais encore aux propositions d'arrangement qu'appuyait le chargé d'affaires anglais. Ravitaillé par mer, il laissa les assiégeants se consumer sous les murs de la ville en tentatives infructueuses ; puis, lorsqu'ils furent forcés de lever le siège, il profita de leur affaiblissement pour pousser vivement les hostilités, et à la fin de l'année, il avait réduit Miramon à la vallée de Mexico. Le 22 décembre, son lieutenant Ortega dispersait la dernière armée de Miramon à la bataille de San Miguelito, et assurait enfin le triomphe du parti dit constitutionnel ou fédéral.

Pendant que le général Miramon s'enfuyait en Europe, M. Juarez entrait à Mexico (11 janvier 1861), formait un cabinet, destituait tous les employés de l'ancien gouvernement, remettait en vigueur les lois relatives aux biens du clergé, et congédiait, avec des formes très-expéditives, les représentants des puissances étrangères qui avaient témoigné quelque sympathie au général Miramon. Reconnu par l'Angleterre au mois de février et par la France quelques semaines plus tard, il chercha à affermir son pouvoir en se faisant réélire président (11 juin 1861). Mais il ne put réussir ni à comprimer les désordres intérieurs, ni à donner satisfaction aux puissances étrangères qui réclamaient en faveur de leurs nationaux. Réduit à se soutenir au moyen de réquisitions, d'emprunts forcés, de confiscations, d'exactions de toutes sortes, M. Juarez, qui avait déjà rompu avec l'Espagne, ne craignit pas, le 17 juillet, de manquer à ses engagements envers la France et l'Angleterre, en suspendant pour

deux ans le payement des indemnités convenues antérieurement avec ces puissances. Cette violation des traités fut suivie d'une entente entre les trois puissances européennes lésées dans leurs intérêts, et une expédition fut décidée contre le Mexique.

Le congrès mexicain donna pleins pouvoirs à M. Juarez pour résister à l'intervention des alliés, et celui-ci appela aussitôt la nation aux armes (26 décembre 1861). En même temps, il proscrivit un certain nombre d'étrangers, prononça la confiscation de leurs biens, et se prépara à la plus vive résistance. Mécontent d'avoir vu échouer les préliminaires de paix de la Soledad (19 février 1862), il fit fusiller le général Robles (23 mars) et exigea que les Français lui livrassent le général Almonte placé sous leur protection. Cette demande ayant été repoussée, les conférences entamées à Orizaba furent rompues (9 avril), et la guerre commença aussitôt contre la France seulement, l'Espagne et l'Angleterre s'étant déclarées satisfaites provisoirement des concessions qu'elles avaient obtenues.

Dès les premiers jours (12 avril), M. Juarez autorisa la formation de troupes de guérillas et l'emploi des réquisitions de tout genre; de plus, il déclara traître tout Mexicain qui demeurerait dans les lieux occupés par les Français, qui assisterait l'étranger, et qui, de 21 à 60 ans, ne prendrait pas les armes. Pour se procurer de l'argent, il signa, le 28 avril, avec M. Corwyn, ministre des États-Unis, un traité par lequel il empruntait à cette puissance 25 000 000 de dollars, pour lesquels il donnait en garantie les plus belles provinces du Mexique. Deux jours plus tard, il mettait Mexico en état de siège.

On sait comment la petite armée française, après avoir échoué devant les formidables défenses de Puebla, a été forcée de rétrograder pour attendre des renforts au milieu des plus grandes privations. Soit que ce premier succès ait exalté les espérances de M. Juarez, soit qu'il veuille résister à outrance, il n'a pas cessé de se préparer à recevoir l'attaque des forces nouvelles expédiées contre lui sous la conduite du général Forey, et de se montrer décidé à soutenir la lutte par tous les moyens possibles. Le 30 août, il a rendu un décret par lequel il menace de l'emprisonnement ou de la déportation les membres du clergé qui exciteraient à la haine du gouvernement; de plus, pour se procurer des ressources, il annulait tous les actes du clergé depuis le mois de décembre 1857 : ce qui force les acquéreurs de ces biens à payer deux fois.

JUYNBOLL* (T.-G.-J.). — Mort en décembre 1861.

K

KEARNY (Philip), général américain au service de l'Union, né dans l'État de New-Jersey, vers 1815, entra d'abord à l'école militaire de West-Point, puis fut envoyé en France avec plusieurs autres officiers pour suivre les cours de l'école de cavalerie de Saumur. En 1840, il fut autorisé à servir en Afrique dans l'armée française aux ordres du maréchal Valée, et il se distingua par sa bravoure au passage du ténia de Mouzaïa, aux prises de Médéah et de Milianab, au combat de l'Afroun. Il partit ensuite pour l'Amérique, prit part à l'expédition du Mexique sous le général Scott, et eut à Mexico un bras emporté par un boulet. A la paix, il revint en France, et

se trouvait à Paris lorsque éclata la guerre d'Italie. Il fut attaché à la division de cavalerie de la garde impériale, assista à presque toutes les affaires, et chargea à Solferino avec les guides et les chasseurs de la garde : après une campagne, il fut nommé chevalier de la Légion d'honneur.

Lorsque la scission éclata entre le Nord et le Sud des États-Unis, Kearny alla se mettre à la disposition du gouvernement fédéral; il leva un corps de troupes à ses frais, et se fit remarquer à Manassas, à Yorktown et devant Richmond, autant par son courage que par ses talents militaires. Il se distingua particulièrement à la sanglante affaire de Fair-Oaks. Devenu major-géné ral, il commandait la cavalerie fédérale à Chantilly, le 29 août, lors de la retraite de l'armée de Pope sur Washington. Dans une charge qu'il menait lui-même, pour dégager la droite de l'armée, gravement compromise, il tomba frappé d'une balle au cœur.

KELLER * (Godefroy). — Mort le 9 septembre 1860.

KENT * (V.-M.-L., duchesse DE). — Morte le 16 mars 1861.

KIESER * (D.-G.).— Mort à Breslau en octobre 1862.

KOCH * (J.-B.-F.). — Mort en mai 1861

KOEHLER * (C.). — Mort en 1861, à Montpellier.

KOLOWRAT * (F.-A. LIEBSTEINSKI). — Mort en 1861.

KONG (Yih-Sin, prince DE) ou **KUNG**, oncle de l'empereur de Chine et régent de l'empire, connu aussi sous le nom de Kong-Tchin-Wan-Ysou, est âgé d'environ vingt-cinq ans. Après le guet-apens de Chang-Kia-Wang (18 septembre 1860), il fut chargé de négocier avec les chefs de l'expédition anglo-française. Cédant aux conseils du général russe Ignatieff, il n'imita point la fanatique opiniâtreté de Sang-Ko-Lin-Sin et des princes de Ching et d'I; il annonça aux ambassadeurs la mission qui lui était confiée, et, pour satisfaire à leurs exigences, s'empressa de faire rendre ceux des prisonniers européens qui vivaient encore. Le 12 octobre, quand les alliés se présentèrent devant Pékin, le prince Kong leur fit remettre deux des portes de la ville et signa le traité de paix le 24 et le 25 octobre. L'empereur Hien-Foung confirma tous les actes de son frère, qui, vers la même époque, signa encore avec le général Ignatieff une convention additionnelle au traité de Tien-Tsin. Vers la fin de 1860, le prince Kong, frappé de l'accroissement du produit des douanes depuis que les agents étrangers les administraient pour le compte du gouvernement chinois, fit une nouvelle concession aux idées de progrès. Il ouvrit spontanément au commerce européen et à l'armement des navires les deux ports de Han-Kow et de Kin-Kiang, sur la grande rivière de Yang-Tsé-Kiang. Au mois de janvier, l'empereur créa un ministère des affaires étrangères, et confia ce poste au prince Kong, qu'il avait déjà revêtu de pouvoirs extraordinaires en abandonnant sa capitale l'année précédente pour se réfugier à Jehol. Le nouveau ministre continua de montrer les meilleures dispositions pour les Européens, il donna aux ministres résidents étrangers une garde d'honneur, et, par une innovation hardie, reçut une fois par semaine dans son palais les membres du corps diplomatique et les principaux fonctionnaires. En juillet, à la mort de l'empereur Hien-Foung, il prit le titre de régent, mais il eut à lutter contre le vieux parti chinois, qui avait dominé et perdu le souverain précédent. Ce parti, qui avait accompagné Hien-Foung dans sa retraite à Jehol, puis à Moukden, prétendait garder le nouvel empereur sous son influence et laisser le prince Kong à Pékin dans l'isolement et l'impuissance. Mais celui-ci prévint ces desseins : il se rendit à Moukden, fit entrer l'impératrice dans ses vues et la décida à revenir à Pékin avec l'empereur, ce qui eut lieu le 1er novembre 1861. Dès le lendemain, le conseil de régence, composé exclusivement d'hommes hostiles aux Européens, fut dissous, l'impératrice douairière prit la régence, et le prince Kong, revêtu des plus hautes dignités et du titre de premier ministre, soutenu d'ailleurs par la présence des ambassadeurs étrangers, fit arrêter les princes Y, Tchen et Sou-Tchen, chefs du parti rétrograde, et présida lui-même la cour chargée de les juger : ils furent condamnés à mort le 8 novembre et exécutés le même jour. Depuis ce moment, le prince a pu sans obstacle réaliser les progrès réclamés par les circonstances : en même temps qu'il prescrivait la réorganisation de l'armée (mars 1862), il prenait des mesures contre la vénalité des fonctionnaires, proclamait la tolérance religieuse, établissait un conseil formé de trente délégués des provinces, et siégeant tous les ans deux mois pour discuter les intérêts généraux. Sur sa requête, l'empereur signait, le 5 avril, un décret qui établissait dans ses États la liberté de conscience. Songeant en même temps à arrêter les progrès de l'insurrection des Taïpings, le prince Kong accueillit avec empressement le secours des forces anglo-françaises restées en Chine pour assurer l'exécution du traité de Pékin et protéger nos établissements naissants; il mettait à la disposition des commandants alliés ses meilleurs soldats et toutes les ressources dont il pouvait disposer.

A l'occasion de la mort de l'amiral Protet, tué dans une rencontre avec les rebelles, le prince Kong remercia par une proclamation publique les alliés du secours qu'ils lui apportaient, et provoqua un édit de l'empereur qui joignait à ses remerciments des présents destinés à la famille de l'officier français.

Le prince Kong est, dit-on, d'un extérieur noble et distingué; sa physionomie est vive et intelligente. On assure qu'il ne partage point les préjugés du vieux parti chinois, et sa conduite semble le prouver. Depuis qu'il est au pouvoir, il a essayé de remettre quelque ordre dans les finances, il a commencé à organiser une flottille à vapeur pour faire la police des rivières et donner la chasse aux pirates; le produit des douanes lui a démontré l'importance du commerce avec l'étranger. Il est le chef du parti tartare constitutionnel qui cherche à affermir la dynastie tartare par une fusion lente et progressive avec l'élément chinois; on lui attribue le projet de réparer les routes et les canaux, d'assurer à tous une égale protection; enfin, de maintenir la paix, qui seule peut amener le pays à la prospérité financière et commerciale.

KORTE * (P.-C.). — Mort en 1862.

KOSEGARTEN * (J.-G.-L.). — Mort le 20 août 1860.

KRUSEMANN * (J.-A.). — Mort à la Haye en mars 1862.

L

LACORDAIRE * (J.-B.-H.). — Mort en novembre 1861.

LAFERRIÈRE * (L.-F. JULIEN). — Mort le 14 février 1861.

LAGNEAU (Louis-Vivant), médecin français, membre de l'Académie de médecine, né à Chalon-sur-Saône, le 8 novembre 1781, a été reçu docteur à Paris, en 1803. Pendant les guerres de l'Empire, il devint chirurgien-major de la garde impériale, fut décoré en 1808, et nommé membre de l'Académie (section de médecine opératoire) en 1823. Il a dû sa réputation à un livre élémentaire, mais remarquable pour le temps où il parut : *Exposé des symptômes de la maladie vénérienne, des diverses méthodes de traitement qui lui sont applicables, et des modifications qu'on doit leur faire subir.* D'abord simple thèse inaugurale, ce traité, successivement augmenté, eut cinq éditions, de 1803 à 1818. Le docteur Lagneau a encore fait divers rapports et communications à l'Académie, notamment : *De la syphilisation et de la contagion des accidents secondaires de la syphilis* (1853).

Son fils, M. Gustave LAGNEAU, né à Paris, vers 1828, reçu docteur en médecine à Paris, en 1853, a publié : *Mémoire sur les mesures hygiéniques propres à prévenir la propagation des maladies vénériennes* (Annales d'hygiène publique, 1855); *Maladies syphilitiques du système nerveux* (1860, 1 vol. in-8) et divers mémoires dans les *Archives de médecine.*

LAMBERT (N....), duc d'Émyrne, négociant français, né à Nantes vers 1820, s'établit il y a quinze ans environ à l'île Maurice, organisa un service à vapeur entre cette île, la Réunion, Aden et Suez, se livra à la culture du sucre et donna à ses affaires une immense extension. A son avénement, le roi Radama II l'a appelé à Madagascar, créé duc d'Émyrne et premier ministre, et lui a accordé la concession de terrains étendus, riches en forêts et en mines de cuivre, de houille, d'argent et d'or. Puis il l'a envoyé comme ambassadeur en France et en Angleterre, pour y notifier son arrivée au trône. M. Lambert a rempli cette double mission, s'est rendu ensuite à Rome pour y prendre des arrangements relatifs aux intérêts de la religion catholique à Madagascar, et a adressé une note à tous les gouvernements européens pour leur annoncer que le royaume de Madagascar était ouvert au commerce de toutes les nations, et que tout Européen y trouverait protection, soit pour y négocier, soit pour s'y fixer. L'Empereur ayant mis à sa disposition pour son retour le transport à vapeur *la Loire*, M. Lambert a emmené avec lui quinze missionnaires et des religieuses pour fónder des hospices et des écoles à Madagascar.

LAMENNAIS * (abbé J.-M. ROBERT DE). — Mort en 1861.

LASAULX * (E. DE). — Mort en 1861.

LAURE * (J.-F.-H.-J.). — Mort en 1861. Sa famille a envoyé à l'exposition de 1861 quelques-uns de ses derniers tableaux.

LAURENÇOT (Charles-Henri-Ladislas), connu au théâtre sous le pseudonyme de LÉONCE. — Mort en 1862.

LAVERGNE (Jules DE LAVAISSIÈRE DE), marin français, né le 29 mars 1819, à Paris, est le frère du littérateur du même nom (Voy. A. M. A. LAVERGNE*). Entré à l'école de marine en 1833, enseigne en 1840, lieutenant de vaisseau en 1847, M. de Lavaissière commandait en 1856 l'aviso à vapeur *le Duroc*, qui, après une laborieuse campagne de trois ans et demi, consacrée à explorer les mers de la Polynésie, échoua le 12 août sur le récif de Mellish. On n'a pas encore oublié l'énergie et le courage du commandant Lavaissière qui, jeté presque sans ressource à huit cents lieues de tout port de refuge, parvint néanmoins à sauver tout son équipage. Aussi fut-il non-seulement acquitté par le conseil de guerre assemblé pour le juger, mais encore il reçut le grade de capitaine de frégate (1857). Il remplit ensuite en Cochinchine les fonctions de chef d'état-major auprès de l'amiral Bonard, et contribua à la conclusion du traité franco-annamite. M. de Lavergne revenait en France, rapportant ce traité, quand il mourut, d'un accès de fièvre pernicieuse, à Port-Aden, le 5 août 1862.

LECLÈRE * (A.-V. J.-B.). — Mort le 29 octobre 1861.

LEE (Robert-E.), général américain séparatiste, né vers 1812, d'une famille qui possède de vastes domaines en Virginie, descend de Washington. Il fit son éducation militaire à l'école de West-Point. Dès le début de la guerre civile, il reçut un commandement dans l'armée confédérée qui s'organisait en Virginie, puis il fut nommé gouverneur militaire de Richmond. Au commencement de la campagne suivante, il se trouvait à Yorktown avec Johnston et Magruder, lorsque les confédérés durent évacuer cette place. Quelques jours après, il reprenait l'offensive et livrait à l'armée de Potomac la bataille de Fair-Oaks. A dater du 26 juin, il remplaça le général Johnston, blessé, et dirigea les opérations de la défense de Richmond. Le 27 juin, après avoir rallié les troupes de Jackson, il gagna sur les fédéraux la bataille de Gaine's-Mill; puis les deux généraux réunis poursuivirent vigoureusement l'armée de Potomac en retraite, jusqu'au moment où ils se heurtèrent, sur la ligne de Rappahannock, à l'armée de Virginie, sous les ordres du général Pope. Ils parvinrent à mettre cette armée en déroute après quatre jours de combats sanglants (20-23 août); la lutte recommença le 27 près de Manassas et ne se termina que le 30 par la défaite complète de l'armée fédérale. Aussitôt le général Lee franchit le Potomac, envahit le Maryland et lança une proclamation pour appeler les habitants sous ses drapeaux, invitation qui paraît avoir eu peu de succès. Pendant ce temps Mac-Clellan, sorti de Washington avec une nouvelle armée improvisée à l'aide des débris des meilleurs régiments, vint attaquer Lee à Hagerstown (14 septembre). La bataille dura deux jours et se termina par la retraite des confédérés. Jackson étant accouru au secours de Lee, celui-ci livra de nouveau le combat à Sharpsburg et à Antietam (16 et 17 septembre). Ces deux affaires, qui furent très-meurtrières, surtout la dernière, furent des succès pour les fédéraux et délivrèrent le Maryland. Le général Lee fut assez gravement blessé à celle d'Antietam.

LEHMANN * (P.-M.-O.). — Mort en juillet 1862.

LELEWEL * (J.). — Mort le 29 mai 1861.

LERDO DE TEJADA * (N.). — Mort le 22 mars 1861. Un des premiers, il a proclamé les principes de la tolérance religieuse et combattu l'influence exagérée du clergé. Il était bien instruit des ressources du Mexique, appréciait toute l'importance de la liberté commerciale, et avait des vues beaucoup plus avancées que la plupart de ses concitoyens.

LEVAILLANT DE FLORIVAL * (P.-E.). — Mort en janvier 1862.

LEVITSCHNIGG * (H., chevalier DE). — Mort en janvier 1862.

LEWINSKI (Jacques), général polonais, né vers 1792, servit dans la guerre de l'indépendance, en 1831, comme chef d'état-major général de l'armée nationale. Il passa ensuite de longues années en exil sur les confins de la Sibérie. Revenu dans sa patrie, il se tint complétement à l'écart et accepta seulement la direction supérieure d'un réseau de chaussées en construction dans tout le royaume de Pologne. Les troubles récents qui ont éclaté dans son pays l'ont tiré de sa retraite, où il vivait aimé et respecté de tous. Le prince Gorstchakoff, qui connaissait son influence, le nomma président de la délégation de Varsovie, lui confia les fonctions de chef de la police pendant la maladie du général Paulucci, le fit entrer dans le comité chargé d'élaborer la loi sur le Conseil d'État de la Pologne; enfin, après les funestes événements du 8 avril, il lui offrit le ministère de l'intérieur, mais le vieux général qui, malgré son grand âge, montrait une fermeté et un dévouement admirables, posa pour conditions à son acceptation l'appel du comte Zamoyski à la présidence du Conseil d'État et la rentrée des troupes russes dans les casernes et la citadelle. Le 25 septembre, le 10e arrondissement de Varsovie l'élut membre du Conseil d'État.

LEYMARIE * (A.). — Mort en mars 1861.

LIPPE * (G.-G., prince de SCHAUMBOURG). — Mort le 21 novembre 1860.

LIVERANI (Fr.), prélat italien, né à Castel-Bolognese en 1823, et filleul du pape Pie IX, fut successivement reçu dans le patriciat de Sinigaglia, élève de l'Académie des nobles ecclésiastiques de Rome, chanoine de Sainte-Marie *in via lata*, puis de Sainte-Marie-Majeure, prélat domestique, auditeur de rote pour la province de Ravenne et protonotaire apostolique. Savant distingué et théologien habile, il a passé presque toute sa vie à étudier les Pères de l'Église primitive, et a écrit plusieurs ouvrages estimés sur l'histoire ecclésiastique. Toutefois il doit sa célébrité moins à ses travaux qu'à l'attitude qu'il a prise dans la question du pouvoir temporel de la papauté. Déjà, dans les premiers mois de 1861, il avait indiqué clairement ses sympathies en défendant, par une lettre, le Père Passaglia, attaqué par *l'Armonia* et par quelques autres feuilles dévouées au clergé. Cette lettre ne pouvait laisser aucun doute sur les sentiments de son auteur : il déplorait les malheurs du Saint-Siége et en rejetait la responsabilité sur le parti de la violence cléricale, qu'il appelait une race de vipères. Il protestait énergiquement contre les lettres pastorales, les harangues, les pamphlets de cette minorité turbulente, et accusait l'entourage du pape d'iniquité, d'intrigues et d'immoralité. Bientôt il donna à ses critiques une forme plus directe et plus vive : au commencement de juillet, il publia à Florence, *la Papauté, l'Empire et le Royaume d'Italie*, mémoire adressé à M. de Montalembert, et dont l'étrange hardiesse fit une profonde sensation. Ce livre n'épargnait ni les hommes, ni les abus; il dévoilait une foule de détails ignorés sur l'administration intérieure du Saint-Siége, et condamnant le pouvoir temporel, il engageait Pie IX à se rapprocher du roi d'Italie et à faire revivre en lui le saint empire romain, conception de Charlemagne. L'impression produite par cette œuvre inattendue fut aussi générale que variée : en quelques jours Rome fut inondée de cette publication qui répondait à tant de secrètes aspira-

tions. D'un autre côté, par ordre du Saint Père, Mgr Liverani fut rayé de la liste des prélats domestiques et des protonotaires apostoliques, le chapitre de Sainte-Marie-Majeure prononça son expulsion sous prétexte de non-résidence, et il fut assigné à comparaître à Rome, dans l'espace de deux mois, pour se rétracter, sous peine d'être privé de son canonicat et de sa prébende. En vain le prélat protesta contre ces mesures exceptionnelles et demanda à être jugé selon les formes des lois canoniques. Il quitta alors la Toscane et se retira près du lac de Bracciano, chez un ami, où, dans un nouvel écrit intitulé : *Douze ans de vol*, il exposa méthodiquement les abus les plus évidents de l'administration du cardinal Antonelli. Le 30 septembre de la même année, il écrivit au cardinal Marini, pour déplorer l'exécution malheureuse de Locatelli, et pour engager ce cardinal à tenter de nouveau, entre le Saint Père et le roi d'Italie, une réconciliation basée sur l'abandon du pouvoir temporel. Il a depuis vécu dans la retraite.

LOBECK * (C.-A.). — Mort le 25 août 1860.

LOCKE * (J.). — Mort le 17 septembre 1860.

LOLA-MONTÈS * (M.-D. PORRIS Y MONTEZ, dite). — Morte à New-York, le 17 janvier 1861. Depuis plusieurs années, clouée par la paralysie sur un lit de douleur, elle vivait chez une dame qu'elle avait connue en Angleterre, et elle a terminé, dit-on, dans les pratiques religieuses et les sentiments les plus chrétiens une vie agitée par tant d'orages.

LONDE * (C.). — Mort le 15 octobre 1862.

LORAIN ᶠ (P.). — Mort en janvier 1861. Était officier de la Légion d'honneur et de l'Instruction publique.

LORENCEZ (Charles-Ferdinand Latrille, comte DE), général français, est petit-fils, par sa mère, du maréchal Oudinot, duc de Reggio. Nommé, le 28 octobre 1840, capitaine au 3e bataillon des chasseurs d'Orléans, il fut chargé plus tard du commandement d'un bataillon de zouaves, prit part en cette qualité au siége de Zaatcha, devint lieutenant-colonel au 7e de ligne, puis colonel au 49e. Il fit, avec ce régiment, la campagne de Crimée, et fut nommé général de brigade pour sa brillante conduite lors de la première attaque de la tour Malakoff. A la paix il rentra en France, et commanda successivement la 1re brigade de la 3e division d'infanterie de l'armée de Paris; la subdivision militaire qui comprend les départements de la Haute-Saône et de la Haute-Marne; une brigade au camp de Châlons, enfin le département de la Moselle.

Au mois de janvier 1862, le général de Lorencez fut appelé à commander le corps expéditionnaire destiné au Mexique. Arrivé le 5 mars à la Vera-Cruz, il fut réduit à l'inaction pendant les premières semaines par suite des négociations pendantes; il en profita pour organiser sa petite armée et s'avança jusqu'à Cordova. Pendant ce temps, il était nommé au grade de général de division. Les pourparlers n'ayant pas abouti, du moins avec les représentants de la France, le général Zaragoza lui fit sommation, le 18 avril, de retirer les soldats laissés dans Orizaba à la garde des malades français. C'était la guerre : aussi le général de Lorencez n'hésita-t-il pas et il se mit en route pour Mexico, avec le faible corps d'armée resté sous ses ordres après la retraite des Espagnols et des Anglais. Le 19, il marcha sur

Orizaba ; le 20, il y entra, après avoir dispersé, dans un combat de cavalerie, les Mexicains qui voulaient lui barrer la route. Le 23, il fut rejoint par le général mexicain Galvez, qui lui amenait un certain nombre de partisans. Le 27 avril, le général annonça à ses troupes qu'il prenait désormais le commandement supérieur de toutes les forces françaises au Mexique par suite du départ du vice-amiral Jurien de la Gravière, rappelé en France. Ce jour même, l'armée partit pour Puebla, et le lendemain, près d'Aculcingo, après un brillant combat, délogea les troupes de Zaragoza des fortes positions qu'elles occupaient sur les monts Combrès. Le 4 mai, l'armée entra à Amozoc; le 5, elle essaya vainement d'enlever le fort de la Guadelupe, à Puebla, position formidable, protégée par une nombreuse artillerie et par une troupe de plus de 12 000 défenseurs. Le petit corps français était trop faible pour triompher de pareils obstacles : il fallut donc, après des prodiges de valeur, se résigner à la retraite. Toutefois le général de Lorencez resta jusqu'au 8 devant Puebla, il quitta Amozoc le 11, et enfin le 16 mai repassa le défilé des Combrès. Le lendemain 17, il rencontra à Tecamalucan le chef de partisans Marquez, qui lui amenait un corps assez nombreux de cavalerie. L'ennemi, ayant voulu empêcher la jonction de ces troupes avec les nôtres, fut battu à Aculcingo, le 18, par le 2e bataillon du 99e de ligne qui donna la main aux cavaliers de Marquez. Le général français ramena son armée à Orizaba et s'y fortifia en attendant les renforts nécessaires.

Zaragoza, ayant voulu tenter une attaque le 14 juin, fut forcé d'y renoncer par suite de l'occupation du mont Borrego par les Français auxquels un audacieux coup de main avait livré la nuit précédente cette position presque inexpugnable. Le corps français ne fut plus inquiété, et lorsqu'on eut décidé l'augmentation de l'armée du Mexique sous les ordres supérieurs du général Forey, le général de Lorencez fut désigné pour commander la 2e division d'infanterie composée des brigades Douay et de Bertier. Mais il demanda et obtint son rappel, et remit le commandement au général Forey.

LOURDOUEIX (J.-H.-L. DE). — Mort le 2 octobre 1860.

M

MAC-CLELLAN (George-B...); général américain au service de l'Union, né à Philadelphie en 1827, prit ses grades à l'École militaire de West-Point, et en sortit en 1846 comme sous-lieutenant du génie. Dans la guerre du Mexique, il se distingua à Contreras, à Cherubusco, à Molino-del-Rey, à Chapultepec, et sa brillante conduite dans cette dernière affaire lui valut le grade de capitaine. A la paix, il revint à West-Point, où il resta jusqu'en 1851 ; à cette époque, il fit un manuel militaire adopté aujourd'hui comme le guide officiel du soldat; il introduisit dans l'armée l'exercice de la baïonnette, et surveilla la construction du fort Delaware. En 1852, il fit partie de l'expédition qui, sous les ordres du major Marcy, explora la rivière Rouge. Puis il alla au Texas comme ingénieur en chef, et inspecta les rivières et les ports de cet État. Pendant les deux années suivantes, il fut chargé de l'inspection du chemin de fer du Nord du Pacifique. En 1855, il fut un des membres de la commission envoyée en Crimée et dans l'Europe septentrionale et, à son retour, il mit le sceau à sa réputation de militaire instruit en publiant un *Rapport sur l'organisation des armées européennes et sur les opérations de la guerre*. En 1857, il quitta l'armée et devint vice-président du chemin de fer central de l'Illinois. En 1860, on lui offrit la présidence de la ligne de l'Ohio et du Mississipi. Dès que la guerre éclata, les gouverneurs de la Pensylvanie et de l'Ohio lui offrirent une commission de major-général : il accepta le commandement des volontaires de l'Ohio, auxquels se joignirent ceux de l'Illinois et de l'Indiana, et établit son quartier général à Cincinnati. Le 3 juin, il remporta un premier avantage sur les confédérés à Philippi, dans la Virginie occidentale, et s'avança jusqu'à Cumberland. Le 12 juillet, il s'empara de Beverly qu'occupaient 10 000 séparatistes, il y prit deux cents tentes, dix wagons, six canons et 1000 prisonniers. Deux jours plus tard, il acheva, par la défaite et la mort de Garnett à Carrackford, de délivrer la Virginie occidentale.

Ces succès avaient appelé l'attention sur lui, et après le désastre de Mac-Dowell à Bull's-Run, il fut appelé à Washington pour y prendre le commandement en chef de l'armée du Potomac. Toutefois il n'accepta ce poste qu'à la condition d'être revêtu de pleins pouvoirs pour le choix de ses officiers et la direction de la guerre. Il s'occupa aussitôt avec activité de constituer l'armée, de l'exercer par des manœuvres fréquentes, et de lui donner une organisation forte et solide. Le 30 juillet, il publia un ordre du jour qui interdisait aux militaires l'entrée de Washington, et il établit un maréchal prévôt, le colonel Porter, pour faire observer cette mesure disciplinaire. Quelques jours plus tard, il obtint des journalistes l'engagement de ne rien publier qui pût faire connaître à l'ennemi les nouvelles militaires. Il employa le mois de septembre à se fortifier sur la ligne du Potomac assez solidement pour arrêter la marche de l'ennemi. Franchissant lui-même cette rivière, le 21 octobre, il essaya de surprendre près d'Edward-Ferry, en avant de Leesburg, un camp confédéré protégé par des bois.

Lorsque le général Scott donna sa démission (31 octobre), le général Mac-Clellan fut, à l'unanimité, appelé à le remplacer. Il conserva peu de temps ces pouvoirs étendus : vers la fin de février, son commandement fut restreint à l'armée du Potomac, il y transporta son quartier général, et par une proclamation, en date du 17 mars 1862, annonça à ses troupes réorganisées l'ouverture prochaine des hostilités. Quelques jours après, en effet, l'armée était embarquée, et le général lui-même partait le 1er avril, d'Alexandrie, avec son état-major pour descendre dans la petite péninsule que forment, dans la baie Chesapeake, les embouchures des rivières York et James. Les confédérés y avaient élevé à Yorktown des retranchements formidables : l'armée fédérale arriva le 5 avril en face de ces obstacles. Le général Mac-Clellan reconnut l'impossibilité de les emporter de vive force : il entreprit de les tourner, et ses opérations forcèrent en effet les confédérés à évacuer Yorktown les 1er, 2 et 3 mai. La retraite des confédérés ne fut connue que le 4; aussitôt les fédéraux se mirent à leur poursuite, les rejoignirent le 5 à Williamsburg, et entrèrent dans cette ville après un combat acharné.

Richmond devint alors l'objectif des forces fédérales, et Mac-Clellan marcha dans cette direction. Le 1er juin, il prit part à la bataille de Fair-

Oaks. Arrivé sur le champ de bataille à midi seulement, il rétablit le combat, et le lendemain refoula les séparatistes vers Richmond. Mais il échoua dans l'attaque qu'il projetait contre cette place. On sait que son échec tint à des causes diverses et nombreuses : les maladies décimèrent son armée, le défaut d'organisation et l'hostilité des habitants du pays soumirent les fédéraux aux plus fâcheuses privations; enfin, un mouvement rapide et habilement combiné des différentes armées séparatistes jeta subitement sous les murs de Richmond une masse énorme de défenseurs. Pendant que Pope, avec l'armée de Virginie, cherchait partout un ennemi invisible, Mac-Clellan et l'armée du Potomac voyaient toutes les forces rebelles concentrées pour les cerner. Dans cette situation, le général fédéral résolut de se retirer entre le Chickahominy et la rivière James. Le 24 juin, il commença son mouvement de retraite en évacuant une partie de White-House, mais l'opération était périlleuse, car il fallait exécuter une longue marche de flanc en face d'un ennemi prêt à profiter de tous ses avantages, et qui, dès le 26, commença ses attaques. Le 27, la lutte s'engagea sur deux points à la fois, et, malgré ce double combat, dont l'un, celui de Gaine's-Mill, fut une défaite, Mac-Clellan parvint à transporter ses immenses approvisionnements au delà du Chickahominy. Il y fit également passer toutes ses troupes, sauf ses blessés et vingt-cinq canons, et, s'appuyant à droite sur ce fleuve, à gauche sur la rivière James, put défier tous les efforts de l'ennemi.

La position qu'il occupait ne découragea point les séparatistes : le 29 juin ils passèrent à leur tour le Chickahominy, et le 30, ils livrèrent à l'aile gauche fédérale un combat sanglant, mais indécis, à Turkey-Creek; ils reprirent l'attaque le lendemain 1er juillet, mais ils furent repoussés avec des pertes nombreuses, et le général Shield, ralliant Mac-Clellan ce jour même, vint assurer sa victoire, en lui permettant d'en profiter. Après un jour de repos, les fédéraux reprirent le 4 leur mouvement de retraite, pleins de confiance dans leur général, malgré les circonstances difficiles où ils se trouvaient. Ils ne furent plus inquiétés en effet, et à partir de ce moment les efforts des confédérés se tournèrent contre Pope qui, accablé par le nombre, fut enfin le 30 août, après deux séries de sanglants combats, expulsé de la Virginie.

Le Maryland était ouvert aux rebelles, qui se hâtèrent de franchir le Potomac. Washington était menacé. Dans cette extrémité le gouvernement fut amené à prendre des mesures de rigueur. On avait tenu quelque peu rancune à Mac-Clellan de son échec devant Richmond; on lui reprochait encore de n'avoir pas secouru Pope à Centreville, le 30 août; néanmoins la confiance qu'on avait en lui fit oublier ces griefs plus ou moins fondés. Le 2 septembre, le général Halleck le chargea du commandement supérieur de l'armée destinée à défendre Washington. Cette nomination fut accueillie avec joie par l'armée : le jeune général profita de ces heureuses dispositions pour improviser une nouvelle armée avec des troupes d'élite, afin de surprendre les confédérés qui ne le croyaient pas prêt à prendre si tôt l'offensive. Il réussit complètement; le 14 et le 15 septembre, il rencontrait le corps de Lee à Hagerstown et le forçait à battre en retraite. Stonewall Jackson accourut au secours de son collègue et le 16 septembre arrêta les fédéraux à Sharpsburg, mais Mac-Clellan acheva le lendemain la déroute des deux généraux séparatistes et les rejeta au delà du Potomac.

Le gouvernement fédéral le pressait instam-

ment de poursuivre ses succès; mais, par des motifs qu'il est assez difficile de préciser, le général restait dans l'inaction. La principale cause était, disait-on, l'opposition du parti démocratique, dont Mac-Clellan fait partie, aux mesures abolitionistes décrétées par M. Lincoln, pour en finir avec la résistance du Sud. Alors le chef victorieux de l'armée du Potomac fut remplacé par le général Burnside (7 novembre). Il recevait en même temps l'ordre de se retirer à Trenton (New-Jersey). Sur la proposition de M. Van Buren, les démocrates de New-York l'ont choisi comme candidat pour les futures élections présidentielles.

Le général Mac-Clellan est considéré comme un militaire des plus instruits; il est actif, préoccupé du bien-être de ses soldats qui l'aiment et lui sont dévoués; simple dans ses vêtements et dans ses habitudes, il porte ordinairement la simple blouse des carabiniers, vit comme ceux qui l'entourent, donnant à tous des encouragements; il se tient toujours en tête des colonnes, au plus fort du danger. Il y a en lui du vieil esprit presbytérien, comme le prouve la proclamation qu'il a adressée à ses troupes pour leur prescrire le repos du dimanche.

MAC-DOWELL (J....), général américain au service de l'Union, né dans l'État d'Ohio vers 1818, et neveu du général Cass, fut élevé en France, entra ensuite à l'école militaire de West-Point, où il eut pour compagnon le général confédéré Beauregard, et en sortit en 1838 pour servir dans l'artillerie. Au commencement de la guerre actuelle, il fut nommé brigadier général, et mis à la tête des troupes cantonnées à Alexandrie. Lorsque le général Scott, qui dirigeait les mouvements des armées fédérales, se décida, en juillet 1861, à prendre l'offensive, Mac-Dowell reçut l'ordre d'enlever d'abord Manassas-Junction, tête des chemins de fer de Virginie, pour marcher ensuite au centre contre Richmond, pendant qu'il serait appuyé dans ces opérations par les généraux Patterson et Mac-Clellan. Il se mit en marche le 15 juillet; le 17, il prit, sans coup férir, Fairfax-Court-House, évacuée par les confédérés; le 18, il atteignit Centreville où il ne rencontra également nulle résistance. Trompée par ces apparences rassurantes, son avant-garde s'engagea sans ordre dans les forêts; mais arrivée à Bull's-Run, elle fut tout à coup foudroyée par de l'artillerie qu'elle essaya vainement d'enlever, et après trois heures d'efforts inutiles, elle fut obligée de se replier avec des pertes sensibles. Au lieu d'attendre les renforts de Patterson et de Mac-Clellan, le général Mac-Dowell, impatient de prendre sa revanche, et ne croyant d'ailleurs qu'à une simple embuscade, lança de nouveau ses troupes à l'assaut des collines boisées hérissées d'artillerie. Après une lutte de treize heures, l'arrivée du corps confédéré de Johnson, qui venait d'échapper à Patterson, acheva la déroute de l'armée fédérale (21 juillet), qui se débanda dans le plus grand désordre. Toutefois le gouvernement ne disgracia point complétement le général vaincu : il se borna à le remplacer par Mac-Clellan et à lui donner, sous ce nouveau chef, un commandement secondaire.

Les troupes furent réorganisées le plus promptement possible, et au printemps de 1862, le général Mac-Dowell eut sous ses ordres le 1er corps de l'armée du Potomac, composé de quatre divisions, et il fut chargé du département militaire du Rapahannock. Lorsque les fédéraux, repoussés de Richmond, reculèrent devant les forces combinées du Sud, Mac-Dowell fut placé sous la direction supérieure de Pope, et il livra, avec ce dernier, les sanglants combats (20-23 août et 27-31 août) qui, soit sur le Rappahannock, soit entre Manassas et Warrenton, se terminèrent par la retraite désastreuse de l'armée fédérale au delà du Potomac. Le malheur qui semblait s'attacher à toutes ses entreprises lui avait enlevé la confiance de ses soldats : aussi le gouvernement crut-il ne pouvoir lui conserver son commandement. Un congé provisoire lui fut accordé, et les débris de son corps d'armée furent fondus dans celui de Hintzelmann.

MASON (N....), homme politique américain, né en 1798 dans la Virginie, d'une famille anglaise, prit ses grades à l'université de Pensylvanie en 1818, puis étudia le droit et fut admis comme avocat au barreau de Richmond en 1820. En 1823, il essaya, dans une convention des États du Sud, de faire adopter un des plans de Washington, la construction d'un canal de l'Ohio à la Chesapeake. En 1826, il fut nommé député de la chambre de Virginie, puis représentant de ce pays au congrès. Nommé sénateur en 1846, il a, jusqu'à la séparation, toujours fait partie du comité des relations extérieures, et il en a été président pendant dix ans. Habile en affaires, et jouissant d'une grande considération personnelle, M. Mason appartient en politique au parti des démocrates. Dès 1850, avec M. Jefferson Davis, à l'occasion de la reconnaissance de la Californie, il conseillait au Sud de se séparer du Nord. La même année, il provoquait contre les esclaves fugitifs la loi qui fait un crime de les recevoir, de les nourrir ou de les cacher, même dans les États où l'esclavage est prohibé. Il a dit en plein sénat que l'annexion de Cuba était une nécessité politique. Enfin, partisan déterminé de l'esclavage, il fut un de ceux qui, la veille de l'exécution de John Brown, troublèrent sa dernière heure par leurs questions.

Dès l'origine de la scission entre les États du Sud et ceux du Nord, M. Mason s'est fait remarquer parmi les plus ardents sécessionistes. Le 19 février 1861, il proposa au sénat de décréter la suspension des lois fédérales dans les États séparatistes. Quelques semaines plus tard, il était nominalement expulsé du Congrès, comme traître à l'Union. Le président Jefferson Davis l'envoya comme commissaire des États confédérés auprès de l'Angleterre, avec M. Slidell qui venait en France décoré du même titre. Le 8 novembre, le navire anglais le Trent, qui les portait, fut arrêté par le capitaine Wilkes, qui commandait le San-Jacinto, frégate des États-Unis, et qui, considérant les deux envoyés comme contrebande de guerre, les enleva malgré la résistance du commandant anglais. La Grande-Bretagne intervint avec une fermeté menaçante, et, après quelques pourparlers, les deux commissaires confédérés, qui avaient été provisoirement emprisonnés, furent rendus le 27 décembre. Ils purent donc accomplir leur mission et arrivèrent à Southampton le 29 janvier. Toutefois ils paraissent n'avoir que médiocrement réussi dans la défense des intérêts qui leur étaient confiés, et ils viennent d'être rappelés en Amérique par M. Jefferson Davis.

MADAGASCAR (roi de). Voy. Radama II.

MADROLLE* (A.). — Mort en 1861.

MARCELLUS* (L. DEMARTIN DU TYRAC, comte DE). — Mort le 29 avril 1861. Entré fort jeune dans la diplomatie, M. de Marcellus fut successivement sous la Restauration, attaché à l'ambassade de Constantinople, premier secrétaire de légation à Londres, puis ministre plénipotentiaire à Lucques. En 1822, il accompagna M. de Château-

briand à Londres. En 1829, il refusa le poste de sous-secrétaire d'État que lui offrait M. de Polignac. L'année suivante, il rentra dans la vie privée et ne s'occupa plus que de travaux littéraires. On sait que pendant sa mission à Constantinople il dota la France de la Vénus de Milo.

MARNIX* (G.-G.-M.-C., comte DE). — Mort en 1862. Il était grand officier de la Légion d'honneur.

MARSCHNER* (H.). — Mort en 1861.

MARTINEZ DE LA ROSA* (F.). — Mort le 7 février 1862.

MATER* (D.). — Mort le 25 février 1862.

MATHIEU* (J.-L.). — Mort en 1861.

MAUPAS* (M.-R. DE). — Mort le 2 juin 1861.

MECKLEMBOURG - SCHWERIN* (A.-M.-W., grande-duchesse DE). — Morte en 1862.

MECKLEMBOURG - STRELITZ* (grand-duc F.-C.-J.-G.). — Mort le 6 septembre 1860.

METAXAS* (A., comte). — Mort en 1860. Il était sorti de sa retraite en 1859 pour former, dans des circonstances assez critiques, un ministère populaire.

MIRAMON (Miguel), ex-président de la république du Mexique, né à Mexico vers 1833, d'une famille française du Béarn, fut élevé à l'école militaire de Chapultepec, puis fit la guerre contre les Américains et servit enfin, comme lieutenant d'Osollo, dans la guerre civile entre les catholiques et les fédéraux après l'élection du président Zuloaga. Il ne tarda pas à se distinguer par son énergie, son activité, son intelligence militaire, au point qu'à la mort d'Osollo, il parut seul pouvoir le remplacer à la tête des forces du parti conservateur. Chargé du commandement de l'armée du Nord, il obtint de nombreux succès qui augmentèrent sa popularité, et la révolution militaire qui renversa Zuloaga, le 23 décembre 1858, nomma le jeune général président provisoire le 1er janvier suivant, avant même qu'il eût appris les événements qui lui donnaient le pouvoir. Lorsqu'il les connut, il en témoigna son mécontentement, prétendit que ces troubles devaient donner une nouvelle force à l'insurrection, revint à Mexico le 21 janvier, refusa toute escorte, toute démonstration officielle, et trois jours après, il rétablissait la présidence de Zuloaga, conservant pour lui-même le commandement en chef de l'armée qui en réalité le rendait maître du pouvoir. La démission de Zuloaga, le 2 février, le porta de nouveau à la présidence. Il songea d'abord à réduire le gouvernement rival qui siégeait à la Vera-Cruz sous la direction de M. Juarez, et le 16 février, il partit pour cette expédition. Mais les bandes constitutionnelles qui tenaient la campagne se rapprochèrent aussitôt de Mexico, battirent ses lieutenants, et le forcèrent de revenir défendre la capitale menacée. Il réussit facilement à éloigner l'ennemi, mais cette diversion l'avait détourné de sa marche sur la Vera-Cruz et, en ce moment même, un incident imprévu, venait affermir le gouvernement de M. Juarez en lui donnant une sorte de consécration officielle.

Les États-Unis avaient reconnu le président Miramon : l'agent de Washington, M. Forsyth, sollicitait au profit de son gouvernement la cession de certains territoires situés entre le golfe du Mexique et l'océan Atlantique. N'ayant pu réussir auprès du général Miramon, il fut remplacé par M. Mac-Lane, qui s'adressa à M. Juarez, obtint ce qu'il demandait, et, en retour, reconnut le gouvernement de la Vera-Cruz.

Miramon protesta aussitôt contre cette reconnaissance et contre le traité qui l'avait provoquée; il déclara aussi entachés de nullité les décrets qui autorisaient la vente des biens du clergé. Au mois de juillet, pour se créer quelques ressources, il appela au ministère M. Carlos de la Peza, qui prétendait régénérer les finances du Mexique, mais cette tentative échoua, et le gouvernement se trouva plus que jamais dans une position précaire. Pendant ce temps la guerre civile continuait dans mille petits combats, mais les armes ne décidaient rien, et la victoire de Miramon lui-même à la Estancia de las Vacas (novembre 1859) ne changea rien à la situation des deux partis.

Il fallait évidemment en finir, car si le gouvernement de Mexico était à bout de ressources, celui de la Vera-Cruz pouvait au moins se soutenir avec le produit des douanes. Le général Miramon le comprit, et le 8 février il partit avec la ferme résolution de s'emparer de la Vera-Cruz. Le 6 mars, il commença le siège, après avoir offert aux assiégés un arrangement que M. Juarez repoussa. La ville se ravitaillait par mer; les assiégeants comptaient trouver les mêmes ressources dans deux steamers qu'ils avaient frétés à la Havane, mais par suite d'une convention secrète avec M. Juarez, le vaisseau de guerre américain *le Saratoga* captura ces deux navires sous un prétexte futile. Privé de tout moyen de réparer ses pertes, Miramon fut forcé de lever le siège; il fit retraite, poursuivi par Juarez qui le battit à Salamanca et à Lagos, et le força de se renfermer dans Mexico avec huit mille hommes. Après avoir donné sa démission et avoir été réélu (14 août), Miramon tenta un dernier effort. Le 3 décembre 1860, il remporta à Guadalupe un léger avantage; le 8, il surprit et dispersa le corps d'armée du général Berriozabal à Toluca, mais le 22, il fut complétement battu à San-Miguelito ou San-Miguel de Calpulalpane par Gonzalès Ortega, général de M. Juarez, dont l'armée était d'ailleurs bien supérieure en nombre à la sienne. Il se réfugia d'abord à Mexico, mais n'y trouvant aucun moyen de défense, chercha à obtenir une capitulation qui lui fut refusée : alors, avec l'assistance de M. Dubois de Saligny, ministre de France, il parvint à s'échapper à la Havane. Il vint ensuite en Europe; fut reçu par l'empereur des Français et la reine d'Espagne, visita Turin, et lors de l'expédition européenne retourna au Mexique pour rentrer aux affaires; mais l'amiral anglais Dunlop l'empêcha de débarquer à la Vera-Cruz et il fut forcé de revenir en France.

MITRE (Bartolome), général américain, gouverneur de la ville de Buenos-Ayres et président de la confédération Argentine, né le 26 juin 1821, passa plusieurs années au Pérou et au Chili comme officier supérieur et comme journaliste. Revenu à Buenos-Ayres, il occupa, sous l'administration d'Obligado et d'Alsina, des postes importants, et se distingua comme orateur dans l'assemblée des représentants. Ministre de la guerre en 1859, il fut mis à la tête de l'armée envoyée contre les forces fédérales que commandait le général Urquiza, et perdit contre celui-ci la bataille de Cepeda, le 23 octobre. Néanmoins, au mois de mai de l'année suivante, il était nommé gouverneur de la province de Buenos-Ayres, et à l'occasion de la paix conclue entre les divers États de la confédération, des fêtes nationales réunissaient, le 9 juillet, à Buenos-Ay-

res le président Derqui, le général Urquiza et le général Mitre, qui recevait le titre de brigadier général de la nation.

Mais bientôt après survinrent les troubles de San-Juan, où le docteur Aberastcin, gouverneur provisoire après le meurtre de Virasoro, fut exécuté par ordre du colonel Saa. Le général Mitre ayant en vain demandé au président Derqui le désaveu du colonel Saa, en appela au congrès. Une médiation fut tentée par les envoyés de France, d'Angleterre et du Pérou, et une conférence eut lieu entre les généraux Mitre et Urquiza à bord du vapeur anglais *Oberon*. Ils ne purent s'entendre : Mitre, vainqueur à Pavon, le 17 septembre, grâce à la légion italienne que commandait l'ex-garibaldien comte Piloni, envahit la province de Santa-Fé, et entra à Rosario avec 12 000 hommes, après avoir reçu l'adhésion de la province de Cordova. Réduit à l'impuissance entre les deux généraux, le président Derqui abdiqua, et quelques mois après Mitre signait la paix avec Urquiza en lui laissant le gouvernement de la province d'Entre-Rios. Le 1er mai 1862, il ouvrit à Buenos-Ayres la neuvième législature provinciale par un message où il annonça le triomphe du parti libéral, le rétablissement de la paix, la prospérité croissante du commerce, l'état satisfaisant des finances, la construction de nouveaux chemins de fer et des progrès matériels et administratifs. Quelques mois plus tard, il était nommé à l'unanimité et définitivement président de la république Argentine (5 octobre); et la ville de Buenos-Ayres devenait, par convention provisoire, le siège du gouvernement. Le général Mitre n'est pas seulement estimé comme homme de guerre et comme orateur; réputé habile, intelligent, modéré, il est regardé comme le chef le plus capable du parti unitaire à Buenos-Ayres.

MOLÈNES * (D.-J.-B.-P. GASCHON DE). — Mort en mars 1862 d'une chute de cheval.

MONNARD (Charles), homme politique et historien suisse, né à Berne, le 17 janvier 1790, fut de bonne heure professeur de littérature française à l'Académie de Lausanne. Lié avec plusieurs écrivains libéraux français, il fut un des collaborateurs du *Globe*. Membre et à plusieurs reprises président du grand conseil du canton de Vaud, et représentant du canton à la Diète, il fut un des promoteurs de la décision par laquelle cette assemblée refusa, en 1838, d'éloigner le prince Louis-Napoléon, sur la demande du gouvernement français. Les révolutions l'éloignèrent de son pays, et, en 1847, il alla occuper à Bonn la chaire de littérature française, créée pour lui par le roi de Prusse.

M. Monnard a exécuté avec M. Vuillemin (Voy. ce nom) la traduction et la continuation de l'*Histoire de la Suisse* de Jean de Muller, en dix-huit volumes in-8e, dont les premiers et les derniers sont spécialement de lui. On lui doit encore la traduction en vers français de la *Satire de Sulpitia contre Domitien* (1816, in-8°); la traduction de l'*Histoire suisse* de Zschokke, diverses *Notices et Dissertations* et un grand nombre d'articles dans les revues de Suisse, de France et d'Allemagne.

MONTANELLI * (J.). — Mort le 17 juin 1862.

MONTAUBRY (Achille-Félix), chanteur français, né à Niort (Deux-Sèvres), et fils d'un musicien qui s'occupa de bonne heure de son éducation artistique, commença par jouer de divers instruments, notamment du violon, qu'il échangea ensuite contre le violoncelle. Admis au Conservatoire dans la classe de violoncelle, il en sortit pour essayer de se créer des ressources en jouant dans différents orchestres de théâtre et fut employé successivement comme alto, comme violon ou comme violoncelle aux Folies-Dramatiques, à la Porte-Saint-Martin et au Vaudeville. Il rentra au Conservatoire dans la classe de Panseron, en sortit avec un prix en 1846 et obtint immédiatement à l'Opéra-Comique, comme ténor, un premier engagement qu'il fit résilier pour aller s'exercer dans les premiers rôles à la Nouvelle-Orléans.

Après des débuts brillants en Amérique, il revint en 1848 en Europe et se fit entendre successivement à Lille, à Bruxelles, où il fut engagé à plusieurs reprises, au Théâtre-Royal de la Haye (1850), à Strasbourg, à Bordeaux, à Marseille, et ses succès en province et à l'étranger, notamment à Bruxelles, où ses appointements s'élevèrent à 40 000 fr. pour huit mois, lui firent proposer par M. Roqueplan, à l'Opéra-Comique, un engagement de cinq ans à des conditions analogues. M. Montaubry y débuta, le 16 décembre 1848, dans *les Trois Nicolas*, de Clapisson. Il y a joué depuis, de l'ancien répertoire, *Fra Diavolo*, *les Mousquetaires de la Reine*, *le Songe d'une nuit d'été*, *le Postillon de Lonjumeau*, *le Chaperon rouge*, *Rose et Colas*, etc. Ses principales créations sont : *le Roman d'Elvire*, de M. Ambroise Thomas (1860); *la Circassienne*, dernière œuvre de M. Auber (1861), où il avait un rôle travesti de femme; *Lalla-Rouk*, de M. Félicien David (1862), le principal succès du compositeur et du chanteur. Doué d'une voix de poitrine très-étendue et bien timbrée, avec des notes en fausset très-douces, bon acteur et excellent musicien, M. Montaubry rappelle les Ponchard, les Chollet et les ténors les plus populaires de l'école française. On cite de lui plusieurs romances, dont il a composé à la fois la musique et les paroles. En 1850, il a épousé à la Haye (4 novembre), Mlle Caroline Prévost, fille de la cantatrice Mme Zoé Prévost, cantatrice elle-même, et qui remplit depuis divers engagements sur les mêmes théâtres que son mari.

MONTAUBRY (Édouard), compositeur français, frère du précédent, chef d'orchestre du Vaudeville, est auteur d'un certain nombre de mélodies, rondes et romances, dont quelques-unes, écrites pour des pièces de théâtre, ont eu un grand succès de popularité : tels sont les couplets de *la Dame aux camélias*, des *Filles de marbre*, de *la Vie en rose*. On cite aussi : *Freluchette*, *le Nid d'amour*, *le Rat de ville et le Rat des champs*, etc. Lors de son engagement à l'Opéra-Comique, M. Félix Montaubry a stipulé qu'il créerait un rôle dans un opéra spécialement écrit pour lui par son frère.

MONTEBELLO* (A. LANNES, comte DE). — Mort le 20 juin 1861. Nommé député après la révolution de 1830, il avait proposé, le premier, l'abrogation de la loi qui interdisait le sol de la France aux membres de la famille Bonaparte.

MONTÉMONT* (A.). — Mort vers le 1er janvier 1862.

MONTENEGRO (prince régnant du). Voy. Nicolas Ier*.)

MONTMORENCY * (A.-L.-V.-R., duc DE). — Mort en 1862.

MONTMORENCY - LUXEMBOURG * (C.-E.-S., duc DE). — Mort le 5 mars 1861.

MOREAU * (F.-J.). — Mort en janvier 1862.

MOTLEY (John-Lothrop), littérateur américain né le 15 avril 1814, à Dorchester, dans le Massachussets, fit, aussitôt après avoir terminé ses études, un premier voyage en Europe, étudia, à son retour en Amérique, les chroniques de l'histoire coloniale de son pays et publia deux romans puisés à cette source : le premier, *Morton'sHope, or the Memoirs of a Provincial*, en 1839; l'autre, *Merrymount*, en 1841. Il fut ensuite secrétaire de la légation des États-Unis à Saint-Pétersbourg (1841-1842); continua de se livrer à des travaux littéraires et collabora principalement à la *North American Review*. En 1851, il revint en Europe, parcourut la Hollande et l'Allemagne, et se fixa à Dresde pour s'occuper exclusivement d'études historiques. Il publia à Londres, en 1856, en trois volumes, la première partie de son *Histoire de la fondation de la république de Hollande* (History of the Rise of the Dutch republic), qui obtint tout d'abord un grand succès en Europe et en Amérique, et fut traduit en plusieurs langues. M. Guizot en donna une traduction française. En 1860, parut la première moitié de la seconde partie de l'ouvrage, en deux volumes, intitulé : *Histoire de l'Union néerlandaise depuis la mort de Guillaume le Taciturne jusqu'à l'assemblée de Dort* (The History of the United Netherlands from the death of William the Silent to the Synod of Dort). En 1861, M. Motley fut nommé ambassadeur des États-Unis à la cour de Vienne. Il est membre de nombreuses sociétés littéraires d'Europe et d'Amérique, membre correspondant de l'Institut de France, docteur de l'Université d'Oxford et des Universités américaines de Cambridge et de New-York, etc.

MOULY (Joseph), prélat français, né à Figeac (Lot), vers 1830, entra dans la congrégation des Lazaristes, puis se voua aussitôt aux missions étrangères. Ses succès en Mongolie le firent nommer évêque de Fessulah, administrateur apostolique de Pékin et visiteur supérieur de la province de Petchéli. En 1855, un de ses messagers ayant été arrêté, Mgr Mouly protesta hardiment, et invoquant les traités conclus avec la France, réclama pour lui-même la responsabilité des actes de son subordonné. La fermeté de son attitude triompha du mauvais vouloir des mandarins, et on se borna à le conduire, avec une honorable escorte, jusqu'à un des ports ouverts aux Européens. Il était à Shang-Haï lorsque cette ville, attaquée par les Taïpings, fut défendue par les équipages des navires français. En 1860, Mgr Mouly suivit, dans sa marche victorieuse, l'expédition anglo-française; nommé évêque de Petchéli, il entra à Pékin avec les ambassadeurs et prit possession de la cathédrale catholique de cette ville, où la croix fut érigée de nouveau. Ce fut là qu'en présence des troupes alliées, il rendit, le 28 octobre, les honneurs funèbres aux victimes du guet-apens de Tung-Chow (18 septembre); et le lendemain, il inaugurait solennellement sa nouvelle église, en rendant grâces aux alliés qui venaient de la conquérir.

En 1861, Mgr Mouly est venu faire un court voyage en Europe; il a passé quelque temps à Paris, s'est rendu à Rome, sur l'invitation du souverain pontife, qui désirait le voir, et enfin, le 22 février 1862, il s'est embarqué à Toulon, avec un grand nombre de religieuses de différents ordres et de missionnaires destinés à l'aider dans ses travaux apostoliques.

MOUNT-EDGCUMBE * (E.-A. EDGCUMBE, 3e comte DE). — Mort en 1861.

MOURIER (Adolphe-Auguste-Corneille), administrateur français, né à Angoulême, le 21 juin

1807, fut élève de l'École normale de 1827 à 1829. Après avoir occupé plusieurs chaires, il professa la philosophie dans les colléges d'Angoulême et de Besançon : il avait été reçu agrégé pour cette classe en 1841. Entrant ensuite dans l'administration, il fut successivement censeur des études à Angoulême (septembre 1842), proviseur dans la même ville (août 1843), puis à Bordeaux (septembre 1846). Sous le régime des académies départementales, il devint recteur de l'Académie de Toulouse (août 1850), où il fut promu à la première classe l'année suivante, puis de l'Académie de Bordeaux (septembre 1852). Après le rétablissement des grandes circonscriptions académiques, il fut nommé recteur de l'Académie de Rennes (août 1854), d'où il revint à Bordeaux (février 1861). Avant la fin de la même année, il fut appelé, comme vice-recteur, à la tête de l'Académie de Paris, où le titre de recteur est réservé au ministre (11 novembre 1861). En cette qualité M. Mourier préside le Conseil académique, prend part aux travaux du Conseil impérial, du Comité de l'inspection générale, et est vice-président du Conseil départemental. Décoré de la Légion d'honneur le 27 août 1845, il a été promu officier le 11 août 1855 et commandeur le 21 août 1858.

M. Mourier est membre de plusieurs sociétés savantes, notamment de celles de Nantes, d'Angers, et de l'Académie des sciences, belles-lettres et arts de Bordeaux. Ses thèses de doctorat ès lettres, portant sur deux sujets de philosophie, ont pour titre : *Quomodo a Spinozæ doctrina plane et aperte Leibnitzius dissenserit* et *De la preuve de l'existence de Dieu dans Platon* (1854, in-8).

Son frère, Louis-Ath. MOURIER, né à Angoulême, le 26 octobre 1815, appartient à l'administration de l'instruction publique depuis 1838. Secrétaire particulier, puis chef de cabinet de M. de Salvandy (1845-1848), il devint ensuite chef de bureau, et fut successivement secrétaire du Comité des inspecteurs généraux (1860), membre et secrétaire de la commission chargée de la révision du *Codex pharmaceutique* (1861). Décoré de la Légion d'honneur, le 21 février 1848, il est officier de l'instruction publique. M. Ath. Mourier a publié, entre autres opuscules : *Notice sur le doctorat ès lettres, suivie du Catalogue des thèses latines et françaises, etc.*, depuis 1810 (2e édit., 1855, in-8); *Notice sur le doctorat ès sciences, etc.*, (1856, in-8).

MUELENAERE * (F.-A. DE). — Mort en juillet 1862.

MÜGGE * (T.). — Mort le 18 février 1861.

MUNDT * (T.). — Mort en 1861.

MURGER * (H.). — Mort le 28 janvier 1861. On a réuni ses poésies en un volume intitulé : *les Nuits d'hiver* (1861, in-12). Il laissait un roman inédit et inachevé : *les Roueries de l'ingénue*, qui a été publié par *la Presse*, aussitôt après sa mort.

N

NESSELRODE * (C.-R., comte DE). — Mort le 22 mars 1862.

NICCOLINI * (J.-B.). — Mort en septembre 1861. Par un hommage extraordinaire, ce poëte populaire a été inhumé à Florence, aux frais de la ville, dans l'église de Santa-Croce, auprès d'Alfieri. Le prince Pierre-Napoléon Bonaparte a traduit en vers français et publié avec un grand luxe typographique sa célèbre tragédie de *Nabuchodonosor* (1861, in-4).

NICOLAS Ier (Nikizza-Petrowich-Niegoch), prince régnant du Monténégro, né vers 1841, est le fils de Mirko Petrowich, frère du prince précédent Danilo, assassiné le 12 août 1860 à Cattaro.

Le nouveau vladika a été élevé à l'européenne et a fait ses études à Paris, au lycée Louis-le-Grand. Le prince Danilo l'avait en mourant désigné pour son successeur, mais il lui aurait fallu vaincre bien des ambitions rivales pour assurer son autorité, s'il n'avait été puissamment secondé par la princesse Darinka, veuve de Danilo. Guidée par les conseils de M. Heckart, consul de France à Scutari, cette princesse surmonta sa douleur personnelle pour faire preuve d'énergie et d'activité : dès le 13 août, de ses propres mains, elle posa sur la tête de Nicolas le bonnet princier de feu Danilo, déclarant qu'elle obéissait ainsi aux volontés de son époux, et elle entraîna la foule et les notables à prêter serment de fidélité à son neveu. Un délégué d'Abdul-Medjid vint complimenter le vladika. Celui-ci déclara publiquement qu'il subordonnerait ses projets aux vues de Napoléon III, qui lui fit un cadeau de 250000 fr. En même temps, il entrait en relations avec le pacha de Scutari, et tous deux s'entendaient pour concilier à l'avenir les conflits de frontière sans recourir à des juges étrangers. Ces premiers actes semblaient présager une ère de paix sous un prince aimé pour l'aménité de son caractère, et auquel on ne reprochait que de subir trop docilement l'influence de son père Mirko, homme à la fois cupide et belliqueux.

Mais, dès le mois de février 1861, les hostilités recommencèrent sur toute la ligne des frontières. Cela ne tenait pas seulement à la délimitation défectueuse des deux États, qui est pour eux une source éternelle de contestations; les esprits étaient surexcités par les rumeurs relatives à un débarquement prochain de Garibaldi; les massacres et les pillages commis par l'indiscipline des troupes turques dans le district de Gatsko, et le réveil de l'insurrection chrétienne en Herzégovine, vinrent encore accélérer la marche des événements. Quelques Monténégrins avaient figuré dans les rangs des insurgés de l'Herzégovine, qui venaient de prendre Nicksik et le blockhaus de la Suttorina. La flotte turque mit en état de blocus les côtes de l'Adriatique, et Omer-pacha fut envoyé avec de nouvelles troupes pour comprimer l'Herzégovine. La diplomatie intervint inutilement pour régler ces différends : l'agitation était trop grande au sein des populations chrétiennes, et il paraît qu'au Monténégro la guerre était le vœu d'un parti puissant à la tête duquel était Mirko lui-même, en opposition sur ce point avec la princesse Darinka.

Il ne restait donc plus qu'à recourir aux armes : le 4 septembre 1861, une division de l'armée d'Omer-pacha, sous le commandement de Dervisch-pacha, franchissait la frontière du Monténégro. Les Turcs battus à Duga, le 4 octobre, et à Djubo, le 25, prirent leur revanche à Piva, le 21 novembre. Mais l'hiver ne tarda pas à venir entraver leurs opérations, et ce ne fut qu'au printemps de 1862 qu'ils purent reprendre les hostilités avec quelque vigueur. Alors seulement la lutte s'est engagée directement avec le Monténégro. Elle a été sanglante et féconde en vicissitudes : les Monténégrins, malgré leur petit nombre, ont opposé la plus vive résistance à la faveur de leurs montagnes, et infligé de graves échecs à l'armée d'invasion. Enfin, le 22 septembre, la paix a été signée dans des conditions qui replacent les parties à peu près au point où elles étaient avant la guerre, et qui accusent plutôt leur épuisement mutuel que le triomphe de l'une d'elles.

Le 17 août 1862, le jeune vladika a été légèrement blessé par un coup de pistolet tiré sur lui par un des gens de sa suite : cet attentat, comme celui qui a coûté la vie au prince Danilo, paraît n'avoir été inspiré que par des causes d'intérêt particulier.

NIEDERMEYER * (A.-L.). — Mort le 14 mars 1861.

NITZCH * (G.-G.). — Mort en juillet 1861.

NUGENT DE WESTMEATH * (L., comte). — Mort le 22 août 1862. Il était né en 1777, à Balearrast, près de Dublin (Irlande). Entré dans l'armée à seize ans, il était doyen des maréchaux de l'empire d'Autriche, prince romain, grand prieur de l'ordre de Malte pour l'Irlande, chevalier de la Toison d'or, commandeur de l'ordre militaire de Marie-Thérèse, de la Couronne de fer, etc.

O

OLIPHANT (Lawrence), voyageur et écrivain anglais, né vers 1831, à Ceylan, où son père était premier juge, voyagea tout jeune encore dans l'Inde, visita la cour de Nepaul avec Jung-Bahadoor, et publia le récit de cette excursion : *A Journey to Katmanda*. Il vint ensuite en Angleterre, et parut quelque temps au barreau ; puis, en 1852, il alla en Russie, s'avança jusqu'à l'Oural, parcourut les steppes du Caucase et la Crimée, et raconta ce voyage dans un nouveau volume : *The Russian shores of the Black sea*. Devenu secrétaire particulier de lord Elgin, qui était alors gouverneur général du Canada, il écrivit, sous le titre de *Minnesota*, ses explorations dans ce pays. On lui doit encore : *la Campagne prochaine* (The Coming Campaign), ouvrage relatif à la guerre avec la Russie, et *The Caucassian Campaign of Omer Pasha*, souvenirs d'une expédition où M. Oliphant avait accompagné le général turc.

En 1857, il suivit lord Elgin en Chine, et en 1860 il publia le récit de cette intéressante mission : *A Narrative of the Earl of Elgin's mission to China and Japan, in the years 1857-58-59*; cet ouvrage a été traduit en français sous ce titre : *Chine et Japon, Mission du comte d'Elgin*, etc., avec une introduction de M. Guizot (1860, 2 vol. in-8). Quelques mois après, il acceptait le poste de secrétaire de légation à Yeddo, mais il exerçait ces fonctions depuis huit jours à peine lorsque, dans la nuit du 5 au 6 juin, la légation fut envahie par une bande d'assassins. On parvint à les repousser, mais M. Oliphant, qui avait montré la plus grande énergie dans cette lutte, reçut plusieurs coups de sabre, et la gravité de ses blessures le força de revenir en Angleterre. Outre les ouvrages que nous avons cités, on a encore de lui un volume récent : *Patriots and Filibusters*, et de nombreux articles dans les publications périodiques.

ORÉLIE-ANTOINE Iᵉʳ (DE TOUNEINS, roi sous le nom d'), roi d'Araucanie, né vers 1820, à Chourgnac, près de Périgueux, fut d'abord avoué à Périgueux, puis passa en Amérique et acquit une telle influence sur les différentes peuplades des Araucans, qu'elles se réunirent pour le proclamer roi en 1861. Le nouveau monarque se proposa aussitôt d'organiser ses États à l'européenne, et de leur donner une constitution et des lois semblables à celles de la France. Il voulut aussi établir des relations suivies entre son royaume et sa première patrie, et dans ce but demanda l'ouverture d'une souscription nationale qui pût l'aider à fonder, dans l'Amérique du Sud, une nouvelle France capable de prospérer et d'entrer dans les voies de la civilisation. La subite élévation du roi d'Araucanie n'avait guère excité d'autre sentiment que la surprise : la souscription qu'il proposait fut donc accueillie avec la plus grande froideur, et quelques-uns même n'y virent qu'une mystification. Cependant plusieurs voix s'élevèrent pour protester en faveur du monarque américain, et le 23 septembre 1861, le *Temps* publia une lettre écrite de Constantine, le 17 du même mois, par M. H. M. de Morestel, qui défendait avec chaleur et habileté la cause de l'ancien avoué, son ami, et blâmait vivement l'indifférence des Français, plus portés à railler les généreux efforts d'un audacieux compatriote qui travaillait à agrandir l'influence française, qu'à le seconder dans cette patriotique entreprise.

Un incident imprévu apporta à cette discussion un dénoûment au moins provisoire. Menacé d'une guerre par le Chili, qui voyait avec peine l'Araucanie se constituer fortement à sa frontière, Orélie parcourait ses États pour organiser la défense, et s'était déjà entendu avec le chef Guenterol, qui devait lui fournir 40 000 hommes. Le 4 janvier 1862, il se reposait dans la plaine de Los Perales avec quelques-uns de ses compagnons, lorsqu'il fut saisi par un parti de cavalerie chilienne et incarcéré à Nacimento. Cette mesure était un attentat au droit des gens, puisque l'attaque avait eu lieu sur le territoire araucanien, indépendant depuis 1773. Soit pour cette raison, soit plutôt par crainte de la France, car le vicomte de Cazotte, notre consul à Santiago, avait reçu l'ordre de traiter diplomatiquement cette affaire, tous les tribunaux chiliens, civils et militaires se déclarèrent incompétents pour le juger. Pendant ce temps, l'ex-roi réussit à s'évader en sciant un des barreaux de sa fenêtre et en se jetant à la nage au milieu des balles des soldats chiliens préposés à sa garde. Repris quelques jours après, il fut réintégré dans sa prison. Enfin le 2 septembre 1862, la cour d'appel de Santiago décida qu'il serait détenu, comme fou, jusqu'à ce qu'il fût réclamé par sa famille ou par un agent du gouvernement français. Le *Moniteur* annonce qu'il a été embarqué pour la France.

ORLOFF * (A., comte). — Mort le 20 mai 1861. Malade depuis quelque temps, le comte Orloff avait été, sur sa demande, relevé de ses nombreuses et importantes fonctions, et n'avait conservé que le titre honorifique d'aide de camp général de l'empereur.

OSTROWSKI (Alexandre), homme politique et

littérateur polonais, né en 1809, suivit les cours de l'université de Varsovie, et terminait ses études à Munich en 1830, lorsque éclata la guerre de l'indépendance. Il revint aussitôt en Pologne, entra dans la cavalerie comme simple soldat, et devint officier après les batailles de Dembe et de Dlugo-Siodlo. Après la lutte, il se retira dans ses terres, fonda des écoles, des hôpitaux, des asiles, une grande fabrique de sucre de betteraves, et s'occupa spécialement d'améliorations agricoles. En 1842, il contribua, avec le comte André Zamoyski, à la création des *Annales de la Société agricole*, dont il fut l'un des collaborateurs les plus assidus. Il devint plus tard vice-président de cette société et membre de celle du Crédit foncier. Cette position lui donna une sorte d'autorité lors des sanglants désordres qui eurent lieu à Varsovie en février 1861, et ce fut à lui, ainsi qu'à M. Zamoyski, que le prince Gortschakoff s'adressa pour calmer l'effervescence populaire. Il le désigna aussi pour faire partie du comité chargé d'élaborer la loi sur le conseil d'État de Pologne.

M. Ostrowski est l'auteur de plusieurs pièces qui ont eu beaucoup de succès : *Pauvreté n'est pas vice; l'Orage; Il faut que chacun se tienne à sa place.* En février 1861, il a fait jouer : *On ne compte pas avec les siens*, pièce publiée depuis plus de dix ans, mais dont la censure avait interdit jusqu'alors la représentation, sous prétexte que le corps des marchands de Moscou y était trop maltraité.

P

PAILLIET * (J.-B.-J.). — Mort en avril 1861.

PALGRAVE * (sir F. Cohen). — Mort le 6 juillet 1861. Il était né à Londres, en 1788.

PALLAVICINI della Priola (le marquis Emilio), général italien, né en 1823 à Ceva, province de Mondovi, d'une famille génoise, fut élevé au collège des Barnabites de Moncalier, et entra ensuite à l'Académie militaire de Turin. Il fit, en qualité de volontaire, la campagne de Lombardie en 1848-1849. Devenu sous-lieutenant, il escaladait le premier, en 1849, les murs de Gênes soulevée par Mazzini, et recevait la médaille de valeur. En 1855, il fit partie du corps expéditionnaire que le Piémont envoya en Crimée. Il se distingua dans la guerre d'Italie en 1859, et sa conduite à la bataille de San-Martino lui valut une seconde médaille de valeur. Quelque temps après, à l'assaut de Civitella del Tronto, il déploya tant d'intrépidité que le roi lui conféra la grande médaille d'or du Mérite militaire qui, comme on le sait, est très-rarement donnée. Lors de la marche insurrectionnelle de Garibaldi en Calabre, M. Pallavicini était colonel du 1er régiment de bersagliers : le général Cialdini le chargea, par exception, de commander tous les régiments de cette arme, et à peine investi de cette concentration de pouvoirs, le colonel cerna et fit prisonnier Garibaldi à Aspremonte. Cette capture lui valut immédiatement le titre de major général.

M. Pallavicini est un des plus jeunes officiers généraux de l'armée italienne; il est décoré, outre ses médailles de valeur, de la croix de Saint-Maurice et de Saint-Lazare et il est commandeur de l'ordre militaire de Savoie. Petit, prompt, vigoureux, plein de bravoure, il passe pour exceller dans la guerre de partisans et être essentiellement propre aux coups de main. On dit qu'il a eu dix duels dans sa vie privée et il a reçu de nombreuses blessures sur le champ de bataille.

PARISOT * (V.). — Mort le 8 octobre 1861. Il avait été nommé quelque temps auparavant chevalier de la Légion d'honneur.

PASSAGLIA (Carlo), théologien italien, né dans les premières années du xixe siècle, fut élevé à Rome, entra dans la Société de Jésus, et devint professeur de théologie au collège de la Sapienza à Rome. Il était bien connu en Italie, regardé comme libéral, parce qu'il s'était rattaché aux idées politiques de Pie IX en 1847, et estimé comme un des théologiens les plus instruits de la péninsule, mais il doit surtout sa célébrité aux récents débats qui se sont élevés sur la question romaine. En 1861, le P. Passaglia publia en latin un remarquable pamphlet intitulé : *Pro caussa italica ad episcopos catholicos, præsbytero catholico auctore*, dans lequel il déclarait que le pouvoir temporel n'était pour la papauté qu'une nécessité relative. Il engageait donc le pape à sacrifier ce pouvoir à l'unité de l'Italie. L'ouvrage fut condamné par la Congrégation de l'Index, et l'auteur, pour éviter la prison, dut quitter Rome sous un déguisement sans avoir même pu présenter sa défense.

Au moment de son évasion (16 octobre), le P. Passaglia venait encore de publier deux autres brochures qui auraient appelé sur lui un redoublement de sévérité, s'il les eût avouées. L'une, sous le pseudonyme d'*Ernesto Filalete*, traitait : *De l'obligation de l'évêque romain, souverain pontife, de résider dans Rome, bien que devenue métropole du royaume d'Italie*. L'autre, intitulée : *De l'excommunication, observations d'un prêtre catholique*, tendait à prouver qu'on peut en appeler d'une sentence d'excommunication, parce qu'elle ne participe pas de l'infaillibilité dogmatique et ne peut être infligée que pour des causes spirituelles. Au mois de novembre, l'abbé Passaglia fut élu professeur de philosophie morale à l'université de Turin, et quelques jours plus tard, il publia une nouvelle brochure : *Le schisme n'est pas une menace des révolutionnaires, mais une appréhension très-juste des catholiques. Avertissement d'un prêtre catholique.* Au mois de mars suivant, il provoqua la formation d'une association réunissant toutes les assemblées libérales du clergé italien. Au mois d'octobre 1862, il a fait imprimer une pétition adressée au pape par le clergé libéral pour l'engager à renoncer au pouvoir temporel. Cette pétition avait recueilli en un mois près de 9000 signatures.

Disciple du P. Ventura, admirateur modéré des idées de Gioberti, l'abbé Passaglia est considéré comme un libéral honnête. Outre les écrits que nous venons de citer, on a encore de lui : *Commentaire sur les prérogatives de saint Pierre, chef des apôtres* (Ratisbonne, 1850); *Sur l'éternité des châtiments futurs; Conférences prêchées pendant le carême à l'église de Jésus, à Rome; Défense de l'Immaculée conception de la sainte Vierge.* Il a édité et annoté le grand ouvrage de Petau sur la théologie dogmatique.

PARTOUT *. Voy. Boyer.

PASQUIER * (E.-D., duc). — Mort le 5 juillet 1862. Il a laissé des *Mémoires* qui ne sont pas encore publiés, mais d'après lesquels M. Saint-Marc Girardin a donné dans le *Journal des Débats* toute une suite d'articles de *Souvenirs* (Septembre-octobre 1862).

PASSAVANT (J.-D.). — Mort en 1861.

PEDRO V ** (M.-F.-M.-R.-G.-G., etc.), roi de Portugal. — Mort le 11 novembre 1861. Le ministère Terceira Fontès, formé en 1859, ne dura que quelques mois : le 5 juillet 1860 le roi rappela aux affaires MM. Loulé et d'Avila. Ceux-ci entrèrent dans une voie d'amélioration et de sages réformes qui ne furent interrompues que momentanément en 1861 par une agitation politique et religieuse, terminée par la dissolution de la Chambre et par de nouvelles élections. Tout était rentré dans l'ordre quand, vers la fin de l'année, don Fernando, duc de Saxe et duc d'Alcantara, l'un des frères du roi, succomba en quelques jours à une fièvre maligne (novembre 1861). Atteint à son tour de la fièvre typhoïde, don Pedro mourut cinq jours après, laissant le trône à son frère don Louis. Sa mort, qui causa une vive agitation, fut elle-même suivie, un mois plus tard, de celle d'un autre de ses frères, Jean, duc de Saxe et duc de Béja.

Honnête et libéral, don Pedro était aimé de son peuple et méritait cette affection : le courage dont il avait fait preuve lors de l'épidémie de 1859, l'avait rendu très-populaire. Son gouvernement avait marché lentement, mais constamment vers le progrès : sous lui, la presse a été libre, les relations étrangères ont été améliorées, les divers codes ont été corrigés, la majorité parlementaire a été écoutée, on a commencé les chemins de fer ; en un mot, une ère de prospérité semblait commencer pour le Portugal sous ce roi de vingt-quatre ans, emporté par une mort prématurée.

PELLETIER * (J.-B., baron).—Mort en mai 1862.

PELLEW * (sir F.-B.-R.). — Mort le 28 juillet 1861.

PEMBROKE * (R.-H. HERBERT, 12e comte DE). — Mort en avril 1862. Il ne laisse pas d'héritier direct : ses honneurs passent à son neveu George-Robert-Charles, le jeune lord Herbert, fils aîné de feu lord Herbert de Lea (Sydney Herbert), maintenant âgé de douze ans.

PETERSEN * (N.-M.). — Mort à Copenhague en mai 1862.

PETITET * (N.).— Mort dans les derniers jours de juillet 1862.

PETITOT * (L.-M.-L.). — Mort le 1er juin 1862. Il faut ajouter aux œuvres que nous avons citées de lui le monument élevé dans l'église de Saint-Leu à la mémoire du roi Louis Bonaparte, père de l'Empereur. M. Petitot avait été nommé officier de la Légion d'honneur le 6 août 1860.

PHILIPON * (C.). — Mort en 1862.

PIAT * (J.-P., baron). — Mort le 12 avril 1862.

PLANCHE * (L.-A.). — Mort en août 1862.

POMMIER * (A.). — Mort en 1862. Était chevalier de la Légion d'honneur.

PONSONBY * (W. PONSONBY, 3e baron). — Mort le 2 octobre 1861 en Bavière.

POPE (John), général américain au service de l'Union, né en 1820, dans le Missouri, entra à l'école militaire de West-Point, prit part à la guerre du Mexique en 1847, et servait dans l'armée fédérale comme capitaine du génie quand éclata la scission entre les États du Nord et ceux du Sud. Il fut aussitôt nommé brigadier général de volontaires, et commanda quelque temps l'armée du Mississipi, entre la retraite du général Frémont et l'arrivée de son successeur Hunter. Le 14 mars 1862, il emporta, par une attaque vigoureuse, l'importante place de New-Madrid, dans le Tennessee, puis, ralliant le commodore Foote, bloqua l'île n° 10 sur le Mississipi, et parvint à triompher des obstacles de la nature et de l'énergique résistance des confédérés, qu'il réduisit à capituler le 8 avril. Quelques jours plus tard, l'armée du Potomac, après avoir échoué devant Richmond, était forcée de battre en retraite : le président Lincoln, sur l'avis du général Scott, eut alors recours au général Pope : il réunit sous son commandement les corps des généraux Frémont, Banks et Mac-Dowell, chargés d'opérer en Virginie (27 juin 1862).

Lorsque l'armée du Potomac eut terminé sa pénible retraite, tous les efforts des confédérés se concentrèrent sur les troupes de Pope. Au commencement d'août, le général unioniste soutint contre Jackson un premier combat sanglant, mais indécis, à Cédar-Mountain. Quelques jours après, les généraux Jackson et Lee opérèrent leur jonction, et vinrent, avec des forces supérieures, attaquer la ligne de Rappahannock, c'est-à-dire la route de Washington. La lutte dura quatre jours (20-23 août) ; malgré les efforts de ses divisionnaires Banks, Siegel, Mac-Dowell, le général Pope fut contraint de céder au nombre, et il ne put opérer sa retraite que par une série de combats acharnés. Placé entre les deux armées confédérées, il se fraya un passage à travers celle de Jackson, entre Kettle-Run et Manassas (27 août) ; le lendemain, avec les corps de Mac-Dowell et de Siegel, il tint jusqu'à la nuit à Centreville ; le 29, il livra une sanglante bataille à Bulls'Run et garda l'avantage tout le jour ; mais le lendemain, 30 août, écrasé par la réunion des forces confédérées, il fut définitivement forcé de battre en retraite, et recula jusqu'à Centreville, où il se fortifia. Pendant qu'on réorganisait les débris de son armée pour les confier à Mac-Clellan, chargé de défendre le Maryland envahi, il était lui-même nommé au commandement de l'armée du N.-O.

On s'accorde à regarder le général Pope comme un officier distingué, peut-être un peu trop insoucieux du danger, mais déployant, dans les circonstances graves, une fermeté et une énergie peu communes.

PORRY (Antoine-Marie-Eugène DE), littérateur français, né à Marseille, le 31 juillet 1829, appartient à la branche aînée d'une ancienne famille lombarde établie en Provence au XVIe siècle, sur laquelle il a publié une *Notice historique* (Marseille, 1859, in-16). Membre ou correspondant de plusieurs sociétés littéraires, il s'est particulièrement occupé de traduire en vers diverses poésies russes, notamment de Pouchkine : *la Captive chrétienne, les Bohémiens* (Marseille, 1857, in-16), *le Prisonnier du Caucase, Poltava* (Ibid., 1858, in-16), réunies, avec quelques autres pièces, sous le titre de : *Fleurs littéraires de la Russie* (Paris, 1861, gr. in-8°).

M. Eug. de Porry a encore composé : *Uranie*, poème mystique (Ibid., 1859, in-8°) ; 2e édit., 1860, in-16) ; *les Amours chevaleresques* (Ibid., 1858, in-16) ; petits poëmes imités de l'Arioste ; *Linda*, légende (Ibid., in-8°). Il a fourni aussi à des journaux de Marseille des articles littéraires.

PORTER (David), marin américain au service de l'Union, né en Pensylvanie, vers 1817, est le plus jeune fils du commodore Porter qui se distingua en 1812 dans la guerre avec la Grande-Bretagne. Tout jeune encore, il naviga avec son père, et ce ne fut qu'en 1829 qu'il entra dans la marine de l'État en qualité de midshipman. Depuis cette époque sa carrière a été des plus actives : il fit d'abord une campagne en Europe, servit pendant cinq ans sur les stationnaires des côtes, passa en 1841 comme lieutenant à bord du vaisseau *le Congrès*, et prit part en 1846 aux opérations dirigées contre le Mexique. Trois ans plus tard, il quitta le service militaire et accepta le commandement d'un steamer de la Compagnie entre le New-York et le Pacifique. En 1853, il reprit du service, et, lorsque éclata la guerre civile, en 1861, il fut mis, en qualité de contre-amiral, à la tête de la flotte du Mississipi. De concert avec le commodore Ferragut il prit la Nouvelle-Orléans (avril 1862) ; puis il alla bombarder Wicksburg. Le contre-amiral Porter est, dit-on, un officier fort distingué, très-instruit et familier avec un grand nombre de langues.

PORTUGAL* (Roi et famille royale de) Voy. Pedro V.

PROTET (Auguste-Léopold), contre-amiral français, né le 20 avril 1808, entra en 1824 à l'École de marine d'Angoulême, devint enseigne de vaisseau en 1830, lieutenant en 1837 et capitaine de frégate en 1846. Officier plein de vigueur et d'énergie, il fut nommé bientôt après gouverneur du Sénégal, puis capitaine de vaisseau en 1852. Il signala son passage dans cette colonie par la prise du village de Dinmar (1854), position très-forte, défendue par plus de 2000 hommes et qu'il enleva, après un assaut meurtrier, avec 600 hommes seulement.

En 1861, il fut promu contre-amiral, et chargé du commandement de la station navale française dans les mers de la Chine et du Japon. Il joignit ses forces à celles de l'amiral anglais Hope pour combattre l'insurrection des Taëpings, remporta sur eux plusieurs avantages, particulièrement à Kao-Kiao (21 février), à Siao-Tan (1er mars), et à Na-Kio (17 mai 1862) ; mais, dans cette dernière affaire, il périt, frappé d'une balle au commencement de l'action. M. Protet, officier de la Légion d'honneur depuis 1852, avait été promu commandeur le 8 juillet 1854.

Q

QUATREBARBES (comte de), officier français, était membre du conseil général de Maine-et-Loire, lorsqu'il fut élu, en 1846, député de l'arrondissement de Cholet : il avait pour concurrents M. de Sevret, député sortant, et le général Lamoricière. Il siégea, dans les rangs de la minorité légitimiste, jusqu'à la révolution de Février. Envoyé à l'Assemblée constituante, par le département du Finistère, lors des élections partielle de juin 1848, il vit son élection annulée et ne fut pas réélu. Il continua de faire partie du conseil général de Maine-et-Loire jusqu'en 1852. En 1860, le comte de Quatrebarbes se rendit à Rome, où il reçut un grade du général Lamoricière. Nommé gouverneur d'Ancône, il resta dans cette place jusqu'au moment de la capitulation.

R

RADAMA II, ou Rakoto-Radama, roi de Madagascar, né vers 1830, plus de deux ans après la mort du roi Radama Ier, fut cependant accepté comme fils du défunt, sur l'affirmation de la reine Ranavolo, sa mère, qui attribua sa naissance à un miracle. Radama Ier avait commencé à civiliser ses sujets, la puissante tribu des Hovas ; en lui succédant, en 1828, sa veuve Ranavolo interrompit son œuvre, subit tout l'ascendant des vieux préjugés populaires, et jusqu'à sa mort (18 août 1861), se montra hostile à tout progrès.

Le prince Rakoto, son fils, fut élevé dans le catholicisme, par un Français ; malgré la tache de sa naissance, il avait pour lui la masse du peuple, et on accueillit favorablement un des derniers actes de Ranavolo qui, peu de jours avant de mourir, l'avait déclaré son successeur. Mais, à cause de ses tendances libérales, le prince avait contre lui le vieux parti hova, qui lui suscita un rival dans la personne de Ramboasalam, fils d'une sœur de Ranavolo. Celui-ci, bien plus âgé que son cousin Rakoto, rusé, entreprenant, cruel, ambitieux, soutenu par l'aristocratie et par l'ancien ministre de la reine, Rainisvere, commença aussitôt la lutte. Mais Rakoto était sur ses gardes ; déjà prévenu par plusieurs tentatives d'assassinat auxquelles il n'avait échappé du vivant de sa mère qu'à force de prudence et en s'entourant d'une garde, il parvint encore à déjouer les manœuvres de ses ennemis et à se maintenir au pouvoir. Saisi avec son complice le ministre, Ramboasalam subit le supplice de la faim.

Radama II put alors régner tranquille : il choisit pour ministres les hommes qui l'avaient élevé, abolit tous les droits de douanes pendant les six mois du deuil royal, rapporta les édits de sa mère contre les étrangers, et proclama la liberté du commerce dans ses États. Non-seulement il fit lui-même le meilleur accueil aux Européens qui répondirent à son invitation, mais il demanda et obtint l'admission des produits de Madagascar à l'Exposition de Londres, et envoya en Europe M. Lambert (voy. ce nom) pour nouer, en son nom, des relations avec les gouvernements français et anglais, présenter ses hommages à la cour de Rome, et ramener à Madagascar des missionnaires et des sœurs de charité pour y fonder des écoles et des hôpitaux.

RAGGI* (N.-B.). — Mort le 24 mai 1862.

RAGON* (J.-M.). — Mort en 1862.

RAIKEM* (A.-F.-J.). — Mort en octobre 1862.

RAMBOASALAM. Voy. Radama II.

RANAVOLO. Voy. Radama II.

RAWLINSON (George), érudit anglais, né vers

1815 à Chadlington, entra en 1835 au collége de la Trinité à Oxford, et parcourut avec distinction tous les degrés de la hiérarchie universitaire. Il est aujourd'hui l'un des délégués du musée d'Oxford, examinateur à l'université et au conseil d'éducation militaire. Outre de nombreux articles dans des revues et autres publications périodiques, M. Rawlinson a donné : *The History of Herodotus*, traduction anglaise avec notes, appendices, cartes et illustrations, 4 vol. in-8, 1858-1860; *l'Évidence historique de la vérité des Écritures* (The Historical Evidences of the Truth of the Scripture Records, 1 vol. in-8, 1860); *les Contrastes du Christianisme avec les systèmes païen et juif* (The Contrasts of Christianity with heathen and jewish systems, 1 vol. in-8, 1861). Il a été l'un des collaborateurs du *Dictionnaire de la Bible*, du Dr Smith.

REBELLO DA SILVA (Luis-Augusto), historien portugais, né le 2 avril 1822, fils d'un des membres influents des assemblées politiques, débuta de bonne heure dans le journalisme et devint rédacteur en chef du *Diario do Governo*, le journal officiel. Député au parlement depuis 1848, il s'y est distingué comme orateur. En 1849, il a été nommé secrétaire du conseil d'État. Membre de l'Académie des sciences de Lisbonne depuis 1853, et du conseil général de l'instruction publique depuis 1859, il a été chargé du cours supérieur de littérature fondé par le roi don Pedro V.
A part de nombreux et remarquables articles de journaux, M. Rebello da Silva a écrit des romans historiques très-goûtés : *Odio velho nâo cança* (1849, 2 vol.); *A Mocidade de D. Joao V*, (1852, 4 vol.); puis pour la scène : une imitation d'*Otello*, *la Jeunesse de Jean V*, tiré du roman précédent, une imitation de *l'Honneur et l'argent*, de M. Ponsard, etc. Désigné pour continuer, après la mort de Santarem (voy. ce nom), le grand travail de celui-ci sur les rapports diplomatiques du Portugal avec les puissances étrangères, il en a publié, de 1858 à 1860, les tomes XVII, XVIII et XIX, avec d'importantes *Préfaces*. Il a été aussi chargé par le gouvernement d'écrire une *Histoire du Portugal aux XVIIe et XVIIIe siècles*, dont le premier volume vient de paraître.

REED * (A.). — Mort le 25 février 1862.

RENARD * (J.-B.-C.-B.). — Mort en 1861.

RESSÉGUIER * (J., comte DE). — Mort le 7 septembre 1862.

RESSÉGUIER * (Jules, comte DE). — Mort le 7 septembre 1862.
RESSÉGUIER (Albert, comte DE), ancien représentant, fils du précédent, né à Toulouse en 1816. Après avoir fait son droit à Paris, il alla terminer ses études dans les universités d'Allemagne, il publia en 1838 une traduction française d'*Athanase* par Goerres, ouvrage de polémique relatif à l'emprisonnement de l'archevêque de Cologne et aux querelles des catholiques d'Allemagne avec la Prusse; collabora à diverses publications littéraires et religieuses et entre autres à *la Vie des Saints*, éditée par Delloye (1845). Élu représentant des Basses-Pyrénées à l'Assemblée législative, il vota habituellement avec la majorité monarchique et parlementaire; proposa la réduction de l'indemnité allouée aux représentants; des modifications au *Régime forestier;* la mise en liberté d'*Abd-el-Kader;* membre de la commission permanente de l'Algérie, il fit adopter par l'Assemblée diverses propositions relatives à cette colonie; fit un rapport sur la réglementation du droit de

pétition, etc., etc. Le 2 décembre 1851, il fit partie de la réunion des représentants à la mairie du Xe arrondissement, signa le décret de déchéance du Président de la République et fut conduit prisonnier au Mont-Valérien. Il a été membre du conseil municipal de Pau et du conseil général des Basses-Pyrénées.

RICASOLI (le baron Bettino), homme d'État italien, né vers 1803 en Toscane, appartient à une des familles les plus anciennes et les plus illustres de ce pays. Élevé à Florence, il commença sa réputation par des travaux agronomiques et, à l'Exposition universelle de Paris, obtint la médaille et la croix pour ses vins de Chienti. Cependant il ne restait pas étranger à la politique et il était en relation avec plusieurs exilés. En 1847, il avait présenté au grand-duc un mémoire très-hardi sur quelques réformes, et avait été nommé gonfalonier de Florence. Lors des événements de 1848, il essaya d'abord d'obtenir du pouvoir quelques concessions libérales; refusa son concours au gouvernement républicain, et fit partie de la commission exécutive nommée après la chute de Guerrazzi et de Montanelli. Il contribua à la restauration du grand-duc, mais indigné du retour de l'influence autrichienne, il rentra dans la vie privée. Pendant dix ans, il ne s'occupa plus que d'améliorations agricoles, fertilisa une partie de la Maremme, donna une grande extension à l'éducation des vers à soie, etc.
En 1859, le nouveau mouvement pour l'indépendance italienne tira M. Ricasoli de sa retraite : il devint (8 mai) ministre de l'intérieur dans le gouvernement formé par M. Boncompagni. Bientôt (1er août) le départ de celui-ci le laissa dictateur de la Toscane. Dans ce poste difficile, il fit preuve d'une énergie et d'une activité peu communes : il triompha des incertitudes et des difficultés sans cesse renaissantes, comprima l'anarchie, guida, en le modérant habilement, le sentiment national, et amena, par une série de mesures aussi fermes que prudentes, l'annexion de la Toscane au royaume d'Italie. Nommé par trois collèges député au parlement italien, il y devint le chef de la majorité qui appuyait le ministère Cavour. Aussi, lorsque mourut ce grand homme, M. Ricasoli fut-il aussitôt désigné pour le remplacer et pour continuer les traditions de sa politique. Comme le comte de Cavour, il prit pour principe l'entente complète avec la France, poursuivit par les voies légales l'unification de l'Italie et la solution de la question romaine, et s'appliqua à maintenir l'Italie dans ce patriotisme hardi mais modéré qui a déjà produit tant d'heureux résultats. Le 2 mars 1862, M. Ricasoli se retira avec tout son ministère et fut remplacé par M. Ratazzi. M. Ricasoli est représenté comme un homme loyal, altièrement sincère, inflexible dans ses résolutions, meilleur administrateur que diplomate. Porté à la présidence de la Chambre, il déclina l'honneur de ces délicates fonctions, en déclarant qu'il ne se sentait pas assez de souplesse de caractère pour les remplir. C'est, aux yeux des divers partis, un des hommes politiques les plus remarquables de l'Italie et l'un des plus généralement estimés.

RIVARA DA CUNHA (Joachim-Heliodoro), littérateur et administrateur portugais, né à Arragolos (Alemtejo), le 23 juin 1809, fils d'un médecin d'origine génevoise, acheva ses études à l'université de Coïmbre, fut reçu médecin, et après avoir été quelque temps employé à la préfecture d'Evora, devint bibliothécaire de cette ville qui possédait une importante collection de manuscrits. Il en entreprit le *catalogue*, dont le tome Iᵉʳ, imprimé aux frais du gouvernement, parut à Lisbonne en 1844. En 1852, il fut élu député au parlement où il vota avec le parti libéral. Il publia alors ses *Apuntamentos sobre os oradores parlamentares*. En 1855, nommé secrétaire général du gouvernement de l'Inde portugaise, il partit pour Goa, où il eut à défendre les droits des évêques portugais et du gouvernement contre les prétentions des missionnaires de la congrégation romaine de la propagation de la foi; il publia sur ce sujet une foule d'écrits en portugais ou en latin qui eurent de l'influence sur le concordat conclu récemment entre le Portugal et le Saint-Siège. M. Rivara da Cunha est membre de l'Académie des sciences de Lisbonne.

Nous citerons encore parmi ses nombreuses publications : *De Lisboa a Goa palo mediterraneo* (Goa, 1859); deux éditions différentes, corrigées et annotées de la *Grammaire de la langue Concani* (1857, 1858, in-4°); *Ensaio historico da lingua Concani* (1858, in-4°); *Reflexoes sobre o padroado portuguez no Oriente* (1858, in-4°), publié également, ainsi qu'un *Supplément* (Additamento) (1858), en langue anglaise; une collection de *Memorias sobre at possessoés portuguezas na Azia, escriptas em* 1823, *etc.* (1859); quelques traductions; de nombreuses brochures de circonstance; des articles de journaux, notamment dans *O Panorama*, où M. Rivara fit ses débuts littéraires.

RODENBACH (Alexandre), homme d'État belge, auteur d'ouvrages sur les aveugles, né à Roulers (Flandre occidentale), le 28 septembre 1786, d'une famille originaire de la Hesse, devint aveugle à l'âge de onze ans et entra au Musée des aveugles dirigé à Paris par V. Haüy, dont il fut l'élève favori. Le roi Louis l'appela en Hollande et lui confia l'école des aveugles d'Amsterdam qu'il quitta en 1814. Rentré en Belgique et occupé à la fois de commerce et de ses études spéciales, M. Rodenbach publia sa *Lettre sur les aveugles* (1828), complétant et rectifiant celle de Diderot, puis *Coup d'œil d'un aveugle sur les sourds-muets* (1829).

Tourmenté du besoin d'agir, il fournissait des articles très-divers à plusieurs journaux, se jetait avec ardeur dans l'opposition libérale et nationale contre le gouvernement hollandais et contribuait activement avec ses trois frères Ferdinand, Constantin et Pierre Rodenbach, à la révolution de 1830.

Il fut un des députés de la Flandre occidentale au Congrès national où il se signala par de chaleureuses improvisations; élu ensuite membre de la chambre des représentants et constamment réélu de 1830 à 1860, il ne cessa de prendre part aux travaux parlementaires et publia

de nouveaux et importants écrits sur *les aveugles et les sourds-muets* (2ᵉ édit. 1835), et provoqua en leur faveur des mesures philanthropiques. Décoré d'un grand nombre d'ordres européens, M. Alex. Rodenbach a été nommé chevalier de la Légion d'honneur le 6 juin 1856.

ROSS * (sir J.-C.). — Mort en 1862.

ROST * (V.-C.-F.). — Mort en août 1862.

RUFZ DE LAVISON (Étienne), médecin et administrateur français, né à la Martinique, le 14 janvier 1806, d'une famille bordelaise émigrée en 1790, fit ses classes à Paris, au collège Louis-le-Grand, puis suivit les cours de médecine. Interne des hôpitaux, il obtint la médaille d'or en 1833 et fut reçu le premier au concours d'agrégation de 1835, l'année même de son doctorat. Envoyé cette même année à Marseille pour soigner les cholériques, il mérita, dans cette mission, la décoration de la Légion d'honneur. Dès l'époque de son internat, il avait publié dans les journaux de médecine (*Journal hebdomadaire*, *Archives de médecine*, *Gazette médicale*, 1832-1835) des articles assez nombreux et très-remarqués de médecine et de chirurgie, spécialement sur les maladies de l'enfance.

M. Rufz retourna alors à la Martinique, y exerça la médecine et fut nommé médecin en chef de l'hôpital civil et de la maison des aliénés de la ville de Saint-Pierre. Il envoya à l'Académie de médecine de Paris diverses communications sur les maladies des pays chauds : elles furent insérées dans les *Mémoires de l'Académie* (1842) et dans les *Annales d'hygiène et de médecine légale* (1847, 1856 et suiv.). Juge assesseur près le tribunal de Saint-Pierre, il s'occupa spécialement des empoisonnements pratiqués, disait-on, par les nègres et combattit des exagérations accréditées. Après 1848, il fut nommé maire de Saint-Pierre et président du conseil de la Martinique. Il est revenu à Paris en 1856 et a été promu, le 3 décembre, officier de la Légion d'honneur. En 1860, il fut nommé directeur du Jardin zoologique d'acclimatation.

Outre des articles et mémoires dans les journaux déjà mentionnés, on cite de M. Rufz de Lavison : *Des Fluides et des solides dans l'économie animale*, thèse pour le doctorat (1835); *Études historiques et statistiques sur la population de Saint-Pierre de la Martinique* (Saint-Pierre, 1854, 2 vol. in-8); *Enquête sur le serpent de la Martinique* (Bothrops lancéolé) (1860, in-8); puis de nombreux articles de politique ou d'économie politique dans les nombreux journaux de la colonie, ainsi que plusieurs rapports dans les *Bulletins* de la Société zoologique.

S

SAINT-AMOUR * (J.). — Mort en 1861.

SAINTE-FOI * (E. JOURDAIN, dit C.). — Mort en 1861.

SAINT-ROMME * (H.-F.-S.). — Mort en 1862.

SALDANHA OLIVEIRA E DAUN * (J.-C., duc DE). — Mort en novembre 1861.

SALICETI * (A.). — Mort en 1862.

SAN-MIGUEL * (duc E.). — Mort le 29 mai 1862.

SARAGOSA. Voy. ZARAGOZA.

SARCEY (Francisque), littérateur français, né à Dourdan (Seine-et-Oise), le 8 octobre 1828, fit de brillantes études au lycée Charlemagne, obtint quelques prix au concours général et fut reçu à l'École normale, en 1848, le quatrième de la promotion dont MM. About, Taine et Libert faisaient partie. De 1851 à 1858, il professa successivement, au milieu de tracas administratifs et de menaces de disgrâce, la classe de troisième à Chaumont, la rhétorique à Lesneven (Finistère), la quatrième à Rodez, la seconde, puis la philosophie à Grenoble. Des articles de philosophie et d'actualités qu'il écrivit, sous un pseudonyme, dans un petit journal de cette dernière ville, excitèrent contre lui un orage qui lui fit offrir au ministère sa démission. Mis en congé il fut présenté au *Figaro* par M. About (voy. ce nom*), auquel l'unissait une étroite amitié, et y publia, sous le nom de *S. de Suttières*, une série d'études de critique contemporaine, jusqu'au moment où son ami devint l'objet des poursuites de ce journal. Il écrivit alors des articles littéraires dans la *Revue européenne*.

A la fin de 1859, M. Sarcey fut chargé, dans le nouveau journal de M. Guéroult, *l'Opinion nationale*, du feuilleton dramatique, qu'il a rédigé depuis avec une autorité toujours croissante. Il y a aussi écrit divers articles de critique et de fantaisie. Il a fourni en outre, sous son nom ou sous son pseudonyme, d'autres études à l'*Illustration* et à la *Revue nationale*, etc., et des correspondances à quelques journaux de la France et de l'étranger. Il rédige une « revue bibliographique » dans la *Semaine universelle* de Bruxelles. M. Sarcey a publié en volumes : *le Nouveau Seigneur* (1862, in-18), recueil de nouvelles où la satire politique domine, et *le Mot et la Chose* (même année, in-18), études et récréations philologiques.

SARDOU (Victorien), auteur dramatique français, né à Paris en 1831, étudia d'abord la médecine, puis l'abandonna pour se livrer spécialement à des études historiques. Pour se créer des ressources à cette époque, il donnait des leçons d'histoire, de philosophie et de mathématiques, écrivait quelques articles dans des revues, des dictionnaires, des petits journaux; en même temps il s'essayait au théâtre. Il fit représenter à l'Odéon, le 1er avril 1854, *la Taverne des étudiants*, dont la chute complète l'éloigna de la scène pour quelque temps. En 1858, il épousa Mlle de Brécourt, dont les relations avec le théâtre lui firent faire la connaissance de Mlle Déjazet qui obtenait à ce moment le privilège du théâtre qui porte son nom. Il rentra alors dans la carrière dramatique, et acquit bientôt une des plus rapides réputations de ce temps-ci.

M. Sardou a donné successivement au théâtre Déjazet : *Candide*, *les Premières armes de Figaro*, *M. Garat* et *les Prés Saint-Gervais* (24 avril 1862); au Palais-Royal, *les Gens nerveux*; au Gymnase-Dramatique, *les Pattes de mouche*, *Piccolino* (18 juillet 1861), *la Perle noire* (12 avril 1862), *les Ganaches* (novembre 1862); au Vaudeville, *les Femmes fortes*, *l'Écureuil*, sous le pseudonyme de Carle (9 février 1861), et *Nos Intimes*, son plus bruyant succès (16 novembre 1861); enfin au Théâtre-Français, *la Papillonne*, qui ne reçut pas un bon accueil (11 avril 1862).

Les productions dramatiques de M. Sardou, écrites avec facilité et souvent avec précipitation, se distinguent par des qualités et des défauts qui expliquent le succès populaire de quelques-unes et les contestations auxquelles ce succès a donné lieu. Le jeune et fécond auteur porte dans la création des types une véritable puissance, tout en employant sans façon dans l'intrigue les moyens d'effet les plus connus; il déploie surtout dans l'ensemble une verve, une rapidité de mouvement qui fait pardonner, dans les détails, la fréquence des réminiscences ou des emprunts. Le quatrième acte de *Nos Intimes*, comparé à un ancien vaudeville, *le Discours de rentrée*, a donné lieu spécialement au reproche de plagiat. A l'occasion de la représentation à Compiègne de sa dernière œuvre, *les Ganaches*, quelques journaux ont annoncé que M. Sardou était décoré de la Légion d'honneur; mais cette nouvelle était prématurée.

Sa pièce de *la Perle noire* est tirée d'un roman du même titre, imité d'Edgar Poë, et publié par lui précédemment dans le *Moniteur*. M. Sardou s'est beaucoup occupé de spiritisme, et est, dit-on, un excellent *medium*.

SAUVAGE (François-Clément), ingénieur et administrateur français, né à Sedan (Ardennes), le 4 avril 1814, entra à dix-sept ans à l'Ecole polytechnique, d'où il sortit, en 1833, le premier de sa promotion, et opta pour la carrière des mines. Nommé ingénieur ordinaire des mines et envoyé à Mézières, il consacra ses loisirs à des travaux de métallurgie, de chimie, de minéralogie et de géologie, et rédigea sur ces matières de nombreux mémoires qui ont été insérés dans les *Annales des Mines*. Il traça en outre, à cette époque, en collaboration avec M. Buvignier (voy. ce nom*), savant géologue de Verdun, les *Cartes géologiques* des départements des Ardennes et de la Marne, ainsi qu'une *Description géologique* du premier de ces départements. (In-8, 534 p.)

En 1838 et en 1842, M. Sauvage reçut la mission d'explorer le bassin houiller de la province des Asturies et les gîtes métallifères de la province de Carthagène, en Espagne. Chargé, en 1845, de se rendre en Grèce pour étudier un projet de dessèchement du lac Copaës, il publia, en rentrant en France, une intéressante *Notice* sur cette question, avec une *Description géologique* de la Grèce continentale et de l'île de Milo.

Ayant quitté, en 1846, le corps des mines, avec un congé illimité, il entra au service de la compagnie du chemin de fer de Strasbourg et construisit une section de la ligne de Frouard à la frontière. L'année suivante, il devint ingénieur en chef de la première compagnie concessionnaire du chemin de Paris à Lyon; mais, la révolution de 1848 ayant éclaté, il fut envoyé, dès le mois de mars, comme commissaire extraordinaire aux mines du Creuzot, dont les ouvriers s'étaient mis en grève. Le 4 avril suivant, le gouvernement provisoire lui confiait l'administration du séquestre du chemin de fer d'Orléans. En récompense de ces deux missions difficiles, il fut nommé successivement, en quelques mois, ingénieur de 1re classe, puis ingénieur en chef. Le 25 août, M. Sauvage rentrait, comme ingénieur en chef du matériel, au chemin de Lyon, repris et exploité par l'État. En septembre 1852, il passa, avec les mêmes fonctions, à la compagnie de l'Est, dont il fut enfin nommé directeur, le 1er mars 1861. Décoré de la Légion d'honneur, le 26 avril 1846, M. Sauvage a été promu officier le 31 mai 1851.

SAVIGNY * (F.-C. DE).— Mort le 25 octobre 1861.

SAXE * (M.-S., duchesse DE).— Morte en 1862.

SAXE-ALTENBOURG * (M.-L.-F.-A.-E.-C.-C., duchesse DE). — Morte en octobre 1862.

SAXE-COBOURG-GOTHA * (M.-A.-G., duchesse DE). — Morte le 25 septembre 1862.

SAXE-WEIMAR-EISENACH * (C.-B., duc DE). — Mort en 1862.

SCHADOW * (F.-G., anobli sous le nom de SCHADOW-GODENHAUS). — Mort le 25 juin 1861.

SCHEFER * (L.). — Mort en 1862.

SCHEFFER * (H.). — Mort le 15 mars 1861.

SCHLIK * (François, comte DE BASSANO et DE WEISSKIRCHEN). — Mort le 16 mars 1862.

SCRIVE* (G.-L.). — Mort en 1861.

SEABRA (Antonio-Luiz DE), jurisconsulte et homme d'État portugais, né au commencement du siècle, fit ses études à l'université de Coïmbre, et, signalé par ses idées libérales, dut s'exiler pendant le règne de don Miguel. Membre de la junte de Porto, en 1846, et plusieurs fois élu député au Parlement, il fut ministre de la justice dans le cabinet de Saldanha, après le mouvement de 1851. Il était à la tribune et dans la presse, un des principaux représentants du parti conservateur progressiste. Juge à la Cour royale de Porto, M. Seabra doit surtout sa grande réputation de jurisconsulte à la rédaction du code civil portugais. Il est grand-croix de l'ordre de Saint-Jacques, commandeur du Christ et membre, depuis 1855, de l'Académie des sciences de Lisbonne.

SÈZE (DE). Voy. DESÈZE ou DE SÈZE*. Quoique le *Moniteur* de 1848, dans les comptes rendus de l'Assemblée constituante dont M. Aurélien de Sèze était membre, écrive constamment son nom en un seul mot (*Desèze*), le vrai nom de la famille du défenseur de Louis XVI est : DE SÈZE, ainsi que le portent ordinairement les autres publications officielles.

SÉNARMONT* (H. HARRAN DE). — Mort le 30 juin 1862.

SILVA (Innocentio-Francisco DA), bibliographe portugais, né à Lisbonne, le 28 septembre 1810, fut destiné au commerce et étudia les mathématiques. En 1834, après avoir servi comme volontaire dans l'armée de don Pedro, il se consacra à l'enseignement privé, puis entra dans les bureaux de la préfecture de Lisbonne, où il est resté depuis. Il est membre de l'Académie des sciences de cette ville, de l'Institut historique du Brésil et de l'Institut de Coïmbre.
M. Fr. da Silva a publié : *Poésies du docteur J. A. da Cunha* (Composicoes poeticas, etc. ; Lisbonne, 1839, in-8°), édition qui lui valut des poursuites judiciaires et une saisie de l'ouvrage, à cause des idées de tolérance du poëte mathématicien ; *Poésies de MM. Barbosa du Bocage* (Lisbonne, 1853, 6 vol.), avec des notes ; *Petite chrestomathie portugaise* (Pequena chrestomathia portugueza ; Lisbonne, 1850, in-8°), et surtout un très-important *Dictionnaire bibliographique portugais* (Diccionario bibliographico portuguez ; Lisbonne, 1858-1860, t. I-IV), imprimé aux frais du gouvernement ; sans compter un certain nombre d'articles littéraires, biographiques et politiques dans divers journaux.

SIVRY* (A.-J.-C. DE). — Mort en 1862.

SLIDELL (John), homme politique américain, né à New-York, vers la fin du XVIIIe siècle, est beau-frère du général confédéré Beauregard. Son père, fabricant de chandelles, s'est enrichi dans le commerce. M. Slidell ayant eu un duel dans sa jeunesse, passa à la Nouvelle-Orléans, y étudia le droit, devint avocat et exerça cette profession avec beaucoup de succès. Grâce à l'énergie de son caractère, à son influence au barreau et à sa fortune, il devint, sous la présidence du général Jackson, district-attorney de l'État de la Louisiane, fut élu deux fois membre du congrès, puis envoyé comme ambassadeur extraordinaire et ministre plénipotentiaire au Mexique avant la déclaration de guerre, que sa mission ne put empêcher. Élu sénateur au congrès en 1853, il conserva ce titre jusqu'à la sépa-

ration des États du Sud. Il refusa au président Buchanan de faire partie de son cabinet ou d'accepter une ambassade en France ; il soutint vivement les entreprises de Walker et de ses flibustiers, et se montra toujours favorable aux projets d'annexion de Cuba, de Mexico, de Nicaragua, etc. Partisan déclaré de l'esclavage et de la traite, il est regardé comme un de ceux qui ont le plus contribué au mouvement séparatiste, et on le représente comme un politique habile mais peu scrupuleux, qui non-seulement se serait enrichi considérablement dans les intrigues électorales, mais encore aurait toujours favorisé, même par les moyens les moins légitimes, la puissance politique et commerciale des États à esclaves. Accrédité auprès de la France, comme M. Mason l'était auprès de l'Angleterre, il a été, de même que son collègue, arrêté par le capitaine Wilkes, puis rendu à la liberté, et enfin récemment rappelé en Amérique après une mission qui paraît avoir produit peu de résultats. M. Slidell possédait à la Nouvelle-Orléans des biens considérables que le général Butler a confisqués.

SMITH* (T.-S.). — Mort en 1861, à Florence. Il était né le 21 décembre 1788, à Martock, dans le comté de Somerset.

SOLACROUP (Antoine-Émile), ingénieur et administrateur français, né à Bazerac (Lot-et-Garonne), le 25 février 1821, entra à l'École polytechnique à l'âge de dix-huit ans. Sorti dans les ponts et chaussées, il fut successivement élève-ingénieur dans l'Aveyron, l'Ille-et-Vilaine et l'Hérault, puis ingénieur ordinaire dans le Morbihan. En 1846, il entra au service de la compagnie du chemin de fer du Centre, avec le titre d'ingénieur ordinaire des travaux de construction et d'entretien en résidence à Vierzon. Nommé, deux ans plus tard, ingénieur en chef du même service des deux compagnies de Paris et du Centre, il devint, en 1852, chef d'exploitation de la compagnie d'Orléans, après la reconstitution de cette compagnie par la fusion des lignes d'Orléans, du Centre, de Bordeaux et de Nantes. L'activité infatigable et les talents administratifs par lesquels M. Solacroup se distingua dans ces importantes fonctions, le firent appeler, malgré sa jeunesse, au poste de directeur de la compagnie, lors de la retraite de M. Didion, en mars 1862. Il était, depuis plusieurs années, chevalier de la Légion d'honneur.

STEPHENS (Alexander-H.), vice-président des États-Confédérés d'Amérique, né en Géorgie, le 11 février 1812, appartenait à une famille pauvre, et ne dut son éducation qu'à la générosité de quelques amis. Il s'appliqua à l'étude du droit, et en 1834 commença à exercer la profession d'avocat dans son État natal, fut-il nommé avec une grande réputation. Sa popularité le désignait aux fonctions politiques : aussi, en 1843, fut-il nommé au congrès, où il devint le chef des démocrates du Sud ; il y resta jusqu'en 1858, époque où il se retira volontairement. En février 1861, il a été élevé à la vice-présidence des États-Confédérés, et n'a pas cessé depuis ce moment d'organiser énergiquement la résistance.

SUIN* (M.-A. DE). — Mort en septembre 1861.

SUMNER* (J.-B.). — Mort le 6 septembre 1862.

SUMNER (Charles), homme politique américain, né à Boston, le 6 janvier 1811, se livra d'abord à l'étude du droit, écrivit dans *le Jurisconsulte américain*, puis entra en 1834 dans le barreau de Boston, où il se fit connaître moins comme orateur que comme légiste. Il publia en 1836 l'ouvrage de Dunlop sur le droit maritime : *Treatise on the Practice of the Admiralty courts in cases of civil jurisdiction at sea.* En 1837, il vint en France, et à la prière du général Cass, alors ambassadeur à Paris, écrivit un mémoire pour défendre les droits des États-Unis dans un différend qui s'était élevé avec le gouvernement français. Membre du congrès, M. Sumner s'est opposé à l'annexion du Texas, a soutenu en 1848 la candidature de M. Van Buren à la présidence, et s'est montré toujours un des plus ardents partisans de l'abolition de l'esclavage. On se rappelle même qu'il y a quelques années, après un brillant discours sur ce sujet, il fut, en plein congrès, assailli et gravement maltraité par un membre des États du Sud. Dans l'affaire du *Trent* et du *San-Jacinto*, consulté sur la légalité de l'action du capitaine Wilkes, il conclut, contrairement à l'avis des jurisconsultes européens, que la capture était bonne et valable.

Son homonyme, M. E.-V. SUMNER, né vers 1797, général dans l'armée fédérale, a pris part à un grand nombre des combats livrés depuis le commencement de la guerre civile. Dès le début (6 novembre 1861), il s'est fait remarquer par un acte de répression énergique. Chargé du commandement des forces fédérales sur les côtes de l'océan Pacifique, il allait de San-Francisco à Panama, sur le navire *l'Orizaba.* Ayant rencontré les séparatistes Carlhoun Benham, J. Brent et le Dr Gruin, ex-sénateur de Californie, il les fit arrêter, malgré la neutralité de l'État de Panama. Il ne céda ni aux protestations du gouverneur, ni à la résistance de la police, et fit traverser l'isthme à ses prisonniers sous l'escorte de 500 hommes. Le général Sumner eut ensuite, dans l'armée du Potomac, le commandement du second corps d'armée, composé de trois divisions; il prit part aux combats livrés devant Richmond et pendant la retraite de Mac-Clellan, et il se distingua particulièrement le 31 mai, à la bataille de Fair-Oaks, par une charge brillante qui donna la victoire à l'armée fédérale. Il assista aussi aux combats des 20-23 et 27-31 août, qui se terminèrent par la défaite de Pope et l'invasion du Maryland. Chargé du commandement d'un corps d'armée lors de la réorganisation opérée par le général Mac-Clellan, il prit part aux batailles d'Hagerstown (14 et 15 septembre), de Sharpsburg et d'Antietam-Creek (16 et 17 septembre); il se distingua particulièrement à cette dernière affaire.

SUYS* (T.-F.). — Mort en 1861.

SZÉCHÉNYI* (E., comte DE). — Mort le 8 avril 1860. Le comte de Széchényi avait recouvré la raison vers le milieu de l'année 1859. Les ovations et l'empressement de ses compatriotes auprès de lui l'ayant de nouveau rendu suspect à la police autrichienne, il eut à subir plusieurs visites domiciliaires. Il ne put résister à ces persécutions et se brûla la cervelle.

T

TARNOW* (F.). — Morte en 1862.

TASCHER DE LA PAGERIE* (P.-C.-L.-R., comte DE). — Mort le 3 mars 1861.

TELEKI (comte Ladislas), littérateur et homme politique hongrois, né le 11 février 1811, d'une noble et ancienne famille, est fils du célèbre savant de ce nom qui fut longtemps président de l'Académie hongroise. Élu lui-même, en 1837, membre de l'Académie de Hongrie, il fut en même temps nommé député par le district de Fogaras à la diète de Transylvanie. En 1842, il fit jouer la tragédie *le Favori*, qui eut un succès soutenu. S'associant au comte Batthyani, pour faire prévaloir dans la Chambre haute les idées de réforme, il devint, en 1844, vice-président de la société nationale et président du club d'opposition. En 1848, il passa dans la Chambre basse comme député du comtat de Pesth. Envoyé, avec approbation du roi, comme ambassadeur à Paris, le 31 août de cette année, il y resta après le désastre de Vilagos et s'y livra activement au journalisme; il écrivit dans *les Débats*, *le National*, *la Presse*, *l'Opinion publique* et *l'Événement.* Il y combattait le système de Bach. Cependant, à Vienne, on le condamnait à mort, et son nom était attaché à la potence. On dit que le comte Teleki jouissait à Paris de la confiance particulière de l'Empereur.

Vers la fin de l'année 1860, il alla visiter à Dresde une de ses sœurs, la comtesse Blanche, qui a été détenue huit ans pour cause politique. Il y fut arrêté par la police royale et, malgré toutes les protestations de la presse européenne, livré au gouvernement autrichien. Grâcié par l'empereur et élu député à la diète de 1861, il y devint le chef de l'extrême gauche et acquit une popularité considérable. — Le 8 mai, il fut trouvé mort, tué d'un coup de pistolet dans son logement, la veille du jour où il devait développer son programme opposé à celui de M. Deak, le chef d'une fraction moins radicale du parti national. Ses obsèques eurent le caractère d'un deuil public.

TENORE* (M.). — Mort le 19 juillet 1861. Il était membre de l'ordre civil de Savoie et de l'ordre des SS. Maurice et Lazare.

TERQUEM* (O.). — Mort le 6 mai 1862.

THIEULLEN* (baron J.-B.-N. DE). — Mort le 6 janvier 1862.

THOUAR* (P.). — Mort en 1861.

TIEDEMANN* (F.). — Mort au commencement de 1861.

TOUNG-TCHI (c'est-à-dire *union pour la cause de la légalité et de l'ordre*), empereur de Chine, né le 5 avril 1855, a succédé à Hien-Foung (voy. ce nom), en juillet 1861, sous la régence de son oncle le prince Kong. Il s'appelait auparavant Tsaï-Chun. Lorsque Hien-Foung mourut à Moukden, le vieux parti chinois, dont l'influence avait été toute-puissante sous le règne précédent, voulut circonvenir le jeune prince et l'impératrice douairière, pour laisser le prince Kong à Pékin dans l'isolement et l'impuissance. Mais celui-ci ne leur laissa pas le temps de réaliser ce projet. Il vint à Moukden, eut une longue conférence avec l'impératrice, et parvint à la décider à revenir à Pékin avec l'empereur. Le 1er novembre 1861, Toung-Tchi rentra dans sa capitale.

De ce jour commence le nouveau règne. Le lendemain le prince Kong, fort de ce premier succès et soutenu d'ailleurs par la présence des résidents étrangers, prononça la dissolution du conseil suprème qui s'etait formé à Moukden de tous les hommes hostiles aux Européens; le prince Y, les princes Tchen et Sou-Tchen, chefs de ce parti, furent arrêtés, traduits devant un tribunal que le prince Kong présida lui-même, condamnés à mort le 8 novembre et exécutés aussitôt. Un nouveau conseil fut formé sous la direction du prince Kong, revêtu des plus hautes dignités et devenu premier ministre, en même temps que la régence était donnée à l'impératrice douairière. Le prince Kong (voy. ce nom), depuis qu'il est au pouvoir, a pris plusieurs mesures libérales et paraît être entré résolûment dans la voie du progrès; plusieurs de ses décrets les plus importants ont été contre-signés par le jeune empereur : l'un d'eux établit en Chine la liberté de conscience. Selon l'*Almanach de Gotha*, le nom officiel du jeune souverain serait, depuis son avènement, Ki-tsiang, Chi-hsiang, Ki-Cheong, suivant les dialectes.

TOURNEMINE * (B. VACHER, baron DE). — Mort en 1861.

TOUSSAINT * (F.-C.-A.). — Mort le 24 mai 1862.

TREILHARD (Achille, comte), administrateur français, né en juin 1815, à Toulouse, où son père était préfet, est le petit-fils du conventionnel Treilhard. Il a débuté dans la magistrature comme substitut à Rouen en 1848. En 1858, il fut chargé à Paris de l'instruction dans le procès Pierri et Orsini, et à la suite de cette mission il fut appelé à siéger à la Cour impériale. En 1861, le gouvernement français l'envoya en Suisse pour étudier le différend qui venait d'être soulevé à propos de la vallée des Dappes. Le 28 août 1862, M. Treilhard a quitté son siége de conseiller à la Cour impériale pour remplacer M. Imhaus comme directeur de la presse.

TURR (Étienne). — Né en 1825, et non, comme il a été dit par erreur, vers 1815.

TYLER * (J.). — Mort au commencement de 1862.

TYLER * (sir G.). — Mort en 1862.

U

ULLIAC-TRÉMADEURE * (Mlle Sophie). — Morte à Paris, en avril 1862.

V

VAEZ * (J.-N.-G. VAN NIEUWENHUYSEN, dit). — Mort le 12 mars 1862.

VANDERBURCH * (L.-E.). — Mort en mars 1862. Il était chevalier de la Légion d'honneur.

VENTURA * (Rév. P. G.-D.-J.). — Mort à Versailles, le 2 août 1861.

VIALE * (S.). — Mort en 1861.

VICAT * (L.-J.). — Mort en avril 1861. Admis à la retraite en 1852, M. Vicat avait été nommé inspecteur général honoraire des ponts et chaussées le 11 janvier 1853. A l'Exposition universelle de 1855, la commission lui décerna la grande médaille d'honneur dans la classe des constructions civiles.

VIEILLARD DE BOISMARTIN (Pierre-Ange), homme de lettres français, plus connu sous le nom seul de VIEILLARD, né à Rouen, le 17 juin 1778, est le fils d'un avocat distingué au parlement de Rouen, et appelé à diverses fonctions judiciaires et administratives sous la Révolution et sous l'Empire. Il fut lui-même successivement employé au Trésor (1806), censeur royal (1820), directeur du *Journal des Maires* (1822-1824), conservateur (1826), puis administrateur (1851) de la bibliothèque de Monsieur ou de l'Arsenal, enfin bibliothécaire du Sénat (1853). Il fut décoré de la Légion d'honneur le 25 avril 1846. — M. P.-A. Vieillard est mort le 12 janvier 1862.

Connu surtout au commencement de ce siècle comme auteur dramatique, il avait débuté, dès 1799, par la collaboration à une parodie, *Orviétan*, jouée à l'Ambigu-Comique. Nous citerons parmi ses nombreuses pièces : *les Masques* (Gaîté, 1800), *le Tableau en litige, ou à l'œuvre on connaît l'artisan* (Vaudeville, 1801), *Marmontel* (même théâtre, 1802), *le Père d'occasion* (théâtre Louvois, 1803), *le Travestissement* (même théâtre, 1805), *Chapelle et Bachaumont* (théâtre Montansier, 1806), intitulée d'abord : *Une soirée chez Chapelle; le Retour au comptoir* (Vaudeville, 1808), *Malherbe* (Variétés, 1809), *les Rêveurs éveillés* (Vaudeville, 1813), comédies ou parades mêlées de vaudevilles; *le Mariage de Robert de France, ou l'Astrologie en défaut* (théâtre-Français, 22 juin 1816), comédie en vers libres; puis des librettos d'opéras : *le Premier homme du monde* (Opéra-Comique national, 1800), parodie de l'oratorio de *la Création* de Haydn; *les Trois soubrettes* (théâtre Molière, 1804); *le Triomphe de Trajan* (Académie impériale, 1814), modifié d'après Esménard; *Valérie, ou Minuit* (à Munich, 1828), etc. M. P.-A. Vieillard a, en outre, écrit un certain nombre de *Cantates* pour l'Académie des beaux-arts, de 1813 à 1824. Devenu presque octogénaire, il a publié, en 1855, un opuscule intitulé : *Quelques aperçus sur la morale et sur les mœurs* (in-12). Son dernier écrit est une notice sur *Méhul, sa vie et ses œuvres* (1859, in-12).

VINIT * (C.-L.). — Mort le 1er mai 1862.

VOGEL * (E.). — Il est malheureusement certain aujourd'hui que ce célèbre voyageur a été assassiné à Borgu, vers le mois de mai 1856. Il possédait un cheval auquel il tenait beaucoup et avait refusé de le céder à Germa, neveu du sultan de Borgu, et celui-ci eut recours au meurtre pour se procurer l'objet de ses désirs. Les papiers de Vogel sont perdus.

W

WHEATSTONE (Charles), savant anglais, né en 1802, à Gloucester, s'est fait connaître par de nombreux travaux scientifiques; mais il est surtout célèbre par les progrès qu'il a fait faire à la partie de la physique relative à l'électricité. Les Anglais lui attribuent quelquefois l'invention de la télégraphie électrique, qu'il a du moins contribué à rendre d'une application pratique. Dans ses travaux et ses découvertes, il eut M. Cooke pour collaborateur. Il est aussi cité comme l'inventeur du stéréoscope. Lors de l'Exposition universelle à Paris en 1855, M. Wheatstone fut un des jurés pour la classe de *chaleur*, *lumière et électricité*, et il reçut la décoration de la Légion d'honneur. Il est professeur de physique au collège royal de Londres.

WHITE * (C.). — Mort à Bruxelles en octobre 1861.

WIELOPOLSKI (le comte Alexandre), marquis de GONZAGA-MYSZKOWSKI, homme politique polonais, né en 1801, s'engagea, au début de sa carrière politique, dans le parti du prince Adam Czartoryski, et prit part au soulèvement de 1830. En 1831, le gouvernement insurrectionnel de Varsovie l'envoya, en qualité d'ambassadeur, à Londres, pour solliciter la médiation de l'Angleterre. Mais il échoua dans cette mission, et ne put même se faire reconnaître officiellement par le cabinet britannique. Au retour des Russes à Varsovie, il fut banni et passa plusieurs années à l'étranger. En 1846, lors des massacres de Gallicie, il publia, sous le titre de : *Lettre d'un gentilhomme polonais au prince de Metternich*, un écrit qui produisit une vive sensation. Il conseillait à ses compatriotes de renoncer à toute tentative de délivrance par les armes, et de chercher désormais à recouvrer leur puissance et leur liberté en s'unissant sincèrement à la Russie et en faisant le sacrifice de leurs souvenirs nationaux.

Neuf ans plus tard, le marquis de Wielopolski rentra en Pologne et, persistant dans ses idées, malgré les nombreuses protestations qui les avaient accueillies, il fit entrer son fils aîné dans la garde impériale russe, se tint en dehors de toutes les tentatives du parti national, et refusa même de faire partie de la Société agricole où son absence fut remarquée. Cependant, au mois de février 1861, il présenta à cette Société une pétition qu'elle rejeta à cause de son caractère politique, et en même temps parce qu'elle condamnait l'insurrection de 1831. Quelques jours après, à la suite des troubles du 27, il refusa de signer l'Adresse envoyée à l'empereur Alexandre. Nommé alors directeur des cultes et de l'instruction publique, il fut d'abord assez favorablement accueilli; mais diverses circonstances vinrent ruiner la popularité de M. Wielopolski. On lui attribua la dissolution de la Société agricole; il froissa les aspirations de la foule dans deux discours adressés aux juifs et au clergé; sur l'ordre du prince Gortschakoff, il ordonna aux gouverneurs civils de procéder à l'arrestation et au procès de tout ecclésiastique qui, par ses prédications ou par des cérémonies religieuses, aurait essayé d'exciter l'esprit public; enfin, après les massacres du 8 avril, qu'il avait, à la vérité, vainement essayé de prévenir, il resta seul au pouvoir, ajoutant le ministère de la justice à ses précédentes attributions, et cette conduite fit retom-

ber sur lui toute la responsabilité des mesures de rigueur à cause desquelles ses collègues avaient donné leur démission.

Il paraît qu'en persistant dans sa voie de modération, le marquis Wielopolski espérait obtenir quelques concessions libérales qui, en réconciliant la Pologne et la Russie, auraient répondu à ses anciens projets. Mais le prince Gortschakoff, qui était, dit on, gagné à ces idées, mourut tout à coup (30 mai), et fut remplacé par le général Soukhozanett, qui engagea aussitôt la lutte avec les ministres du culte, et lui donna ainsi un caractère plus grave. Après avoir plusieurs fois donné sa démission sans pouvoir la faire accepter, M. Wielopolski partit pour Saint-Pétersbourg, et n'ayant point obtenu pour ses concitoyens des réformes satisfaisantes, fut officiellement relevé de ses fonctions (décembre 1861). Il ne resta pourtant pas inactif, et il paraît avoir contribué à fixer le choix du czar sur le grand-duc Constantin, comme gouverneur de la Pologne. Dans cette nouvelle combinaison, le marquis Wielopolski fut lui-même placé à la tête de l'administration civile, et, le 1er juillet 1862, il ouvrit en cette qualité les séances du conseil d'État à Varsovie. Sa modération, regardée comme une trahison par le parti révolutionnaire, souleva contre lui des haines qui ne reculèrent pas même devant l'assassinat, et le marquis échappa à plusieurs tentatives de meurtre, particulièrement le 7 août et le 15 août 1862. Découragé par une situation politique qui ne faisait que s'aggraver, M. Wielopolski donna une seconde fois sa démission à la fin de septembre 1862. Persuadés qu'il ne désire que des concessions insuffisantes, ses compatriotes ne lui témoignent que de la méfiance; sa position n'est pas moins fausse auprès des Russes qui se rendent compte de son peu d'influence et le considèrent comme impuissant. — Son fils, M. Sigismond Wielopolski, vient d'être nommé directeur de la commission de l'intérieur (12 novembre).

WILLOUGHBY DE BROKE * (R.-J. VERNEY, 9e baron). — Mort le 5 juin 1862.

WINDISCH-GRAETZ * (A., prince DE). — Mort le 21 mars 1862.

WINDISCHMANN * (F.). — Mort le 25 août 1861. Il était né à Aschaffenbourg, le 13 octobre 1811. Entré dans les ordres en 1836, il devint quatre ans plus tard chanoine à la cathédrale de Munich, puis professeur de théologie à l'Université de cette ville et vicaire général de l'archevêque. En 1855, il fut donné pour coadjuteur à l'archevêque de Fribourg. Il était membre de l'Académie de Bavière et de l'Académie royale de Belgique.

WISZNIEWSKI * (Michel PRUSS DE). Ce n'est pas lui, mais son fils qui a fondé une maison de banque en Italie. Occupé exclusivement de ses études, il a mené sa grande *Histoire de la littérature polonaise* jusqu'en 1650 (1840-1860; t. I-X). Ses *Caractères de l'esprit humain*, qui ont eu deux éditions à Cracovie (1838 et 1840), ont été écrits originellement en anglais par l'auteur sous le pseudonyme de *Whitecross* et sous ce titre : *Sketches and Characters, or the natural History of human intellect*.

Y

YARBOROUGH * (C. Anderson Worsley Pelham, 2ᵉ comte d'). — Mort en janvier 1862.

Z

ZAMBELLI * (A.). — Mort à Pavie, en septembre 1862.

ZARAGOZA (Ignacio), général mexicain de race indienne, né en 1829, à Mateguala, dans l'État de San Luis Potosi, entra fort jeune dans le commerce à Monterey, puis se fit avocat, et enfin embrassa la carrière militaire. En 1853, il se fit remarquer à l'armée du Nord ; sept ans plus tard, il était devenu général de brigade dans les troupes constitutionnelles qui défendaient le gouvernement de M. Juarez. Il prit Guadalajara, remporta quelques succès sur Miramon lui-même, et, lors de l'expédition européenne, remplaça, comme commandant en chef de l'armée d'Orient, le général Urraga, suspect de modération et démissionnaire.

Il tenait à ne point mériter le même reproche que son prédécesseur, car il publia d'abord une violente proclamation contre les Français, et fit fusiller le général Robles, ainsi que plusieurs officiers accusés d'être favorables à l'ennemi. En même temps, les conférences d'Orizaba ayant été rompues, il somma le général de Lorencez de retirer la garde laissée dans cette ville auprès des malades ; il y entra lui-même le lendemain, mais il en fut chassé vingt-quatre heures plus tard par un retour offensif de l'armée française (20 avril). Huit jours après, il était battu aux Combres d'Aculcingo et rejeté sur Puebla ; le 5 mai il parvenait à arrêter les Français dans cette dernière position, grâce à la supériorité numérique de ses troupes et aux obstacles insurmontables qui protégeaient sa défense. Le général de Lorencez ayant jugé à propos de revenir à Orizaba pour y attendre des renforts, Zaragoza essaya en vain d'inquiéter sa retraite : battu une seconde fois à Aculcingo le 18 mai, il ne fut pas plus heureux le 14 juin dans une attaque sur Orizaba. Les Français ayant, pendant la nuit, enlevé le mont Borrego par un audacieux coup de main, l'armée mexicaine fut forcée de se retirer sur la Cañada de Istapan sans rien entreprendre. Le 8 septembre, le général Zaragoza est mort à Puebla d'une fièvre typhoïde et a été remplacé par Ortega. Transporté à Mexico, il a eu, par ordre de Juarez, de magnifiques funérailles. Considéré par les Mexicains comme un homme de guerre supérieur et plein de patriotisme, le général Zaragoza était, dit-on, très-fier de ses premiers succès contre nous et, se croyant sûr de nous arrêter, poussait ses concitoyens à la plus extrême résistance. Sa mort parut avoir produit parmi eux un grand découragement.

ZEDLITZ * (J.-C., baron de). — Mort le 15 mars 1862.

ZWIRNER * (E.-F.). — Mort le 22 septembre 1861.

Librairie de L. HACHETTE et Cⁱᵉ, boulevard Saint-Germain, 77, à Paris
ET CHEZ LES PRINCIPAUX LIBRAIRES DE LA FRANCE ET DE L'ÉTRANGER.

DICTIONNAIRE
UNIVERSEL
DES CONTEMPORAINS

CONTENANT

TOUTES LES PERSONNES NOTABLES

DE LA FRANCE ET DES PAYS ÉTRANGERS

AVEC LEURS NOMS, PRÉNOMS, SURNOMS ET PSEUDONYMES,
LE LIEU ET LA DATE DE LEUR NAISSANCE, LEUR FAMILLE, LEURS DÉBUTS,
LEUR PROFESSION, LEURS FONCTIONS SUCCESSIVES, LEURS GRADES ET TITRES, LEURS ACTES PUBLICS,
LEURS ŒUVRES, LEURS ÉCRITS ET LES INDICATIONS BIBLIOGRAPHIQUES QUI S'Y RAPPORTENT,
LES TRAITS CARACTÉRISTIQUES DE LEUR TALENT, ETC.

OUVRAGE RÉDIGÉ ET TENU A JOUR

AVEC LE CONCOURS D'ÉCRIVAINS ET DE SAVANTS DE TOUS LES PAYS

PAR G. VAPEREAU

ANCIEN ÉLÈVE DE L'ÉCOLE NORMALE, ANCIEN PROFESSEUR DE PHILOSOPHIE,
AVOCAT A LA COUR IMPÉRIALE DE PARIS.

DEUXIÈME ÉDITION

REVUE ET CONSIDÉRABLEMENT AUGMENTÉE

Un beau volume de 1840 pages grand in-8. — Prix : broché, 25 fr.

Le cartonnage en percaline gaufrée se paye en sus 2 fr. 25 c.; la demi-reliure en chagrin, 4 fr.; la demi-reliure
en chagrin avec tranches et gardes peignes, 5 fr.

La deuxième édition se vend également en 54 livraisons à 50 centimes.

Il paraît une livraison par semaine depuis le 1ᵉʳ mars 1861.

Dans cette nouvelle édition d'un livre d'une exécution si difficile et dont la première publication devait offrir des imperfections inévitables, nous signalerons particulièrement trois choses :

1° Un grand nombre de notices nouvelles consacrées à des personnages qui ont acquis une notoriété récente, ou dont l'omission involontaire avait eu pour cause l'insuffisance des premiers renseignements recueillis;

2° La continuation de la plupart des notices primitives par l'indication des principaux événements survenus dans l'intervalle d'une édition à l'autre ;

3° La rectification de toutes les inexactitudes signalées ou reconnues parmi celles qui avaient pu échapper dans le cours d'un aussi considérable travail.

Parmi les notices nouvelles, toutes marquées d'un astérisque final (*), il en est peu sans doute qui aient une importance capitale : les noms éminents que pouvaient offrir, dans les divers pays, la politique, la littérature, les arts, les sciences, la magistrature, la religion, l'armée, l'enseignement, le théâtre, l'industrie elle-même, sont entrés naturellement les premiers dans le cadre de l'ouvrage; et les omissions les plus nombreuses ne devaient pas porter sur les hommes qui tiennent le plus de place dans l'histoire des cinquante dernières années. La seconde édition du *Dictionnaire des Contemporains* aura cependant recueilli des noms nouveaux qui offrent encore un vif intérêt. Nous en signalerons, dans la foule, un certain nombre, appartenant soit à la France, soit aux pays étrangers.

Pour la France nous citerons : le général *Allonville*; Mme *Arnould-Plessy*, artiste du Théâtre-Français; le jeune et fécond romancier *A. Assollant*; le poëte *Ch. Baudelaire*; l'ingénieur *Bartholony*, devenu député de la Savoie; le général *Bertin de Veaux*; le préfet de police de Paris, *Boittelle*; les diplomates *Bourqueney* et *Brenier*; le jurisconsulte *Bugnet*; le sinologue *Callery*; le général *Camou*; le vice-amiral *Charner*; sous le titre collectif : *Clergé de France*, une suite de notices sommaires sur tous les prélats français qui n'ont pas d'article biographique distinct; le conseiller d'État *Cornudet*; le général *Cousin-Montauban*; l'éditeur *Curmer*; le poëte lauréat *G. Daillière*; l'évêque *Daniel*; l'abbé *Deguerry*; les publicistes et industriels de la famille *Dollfus*; le voyageur *Escayrac de Lauture*, si cruellement traité dans la dernière guerre de Chine; le colonel *Faidherbe*, gouverneur du Sénégal; le général *de Failly*; le R. P. *Félix*, successeur des Lacordaire et des Ravignan; l'administrateur et publiciste *Feuillet de Conches*; le romancier *E. Feydeau*; le comte de *Flavigny*, député; le romancier *G. Flaubert*; le littérateur *E. Forcade*; l'heureux éditeur de Leibniz, le comte *Foucher de Careil*, l'éditeur *Furne*; le comte *de Germiny*, gouverneur de la Banque de France; l'homme de lettres *Éd. Gourdon*; le général *de Goyon*; le baron *Gros*; le paléographe *F. Guessard*; le magistrat *Hardoin*; le marin littérateur *Jurien de La Gravière*; le littérateur *A. Lacaussade*; le sénateur et le député *de Lagrange*, complétant la série de leurs homonymes; le jeune publiciste *J. Lanfrey*; le général *de La Motterouge*; le vice-amiral *de La Pérouse*; le marin de *La Roncière Le Noury* et son frère; les généraux *de La Rüe* et *Le Pays de Bourjolly*; l'astronome *Liais*; le compositeur *A. Maillart*; les deux généraux *de Martimprey*; le poëte provençal *F. Mistral*; le secrétaire de l'Empereur, *C. Mocquard*; l'érudit lyonnais *Monfalcon*; le critique *E. Montégut*; le littérateur *J. Noriac*; l'évêque *Parisis*; le littérateur *H. de Pène*; l'ancien représentant *Casimir Périer*; l'imprimeur lyonnais *L. Perrin*; l'ingénieur *Pétiet*; le député de Paris *Picard*; l'avocat *Plocque*; le magistrat *Renouard*; les deux frères journalistes *de Riancey*; le sénateur et le député *de Richemont*; le prestidigitateur et mécanicien *Robert Houdin*; l'ancien journaliste *Rolle*; l'ex-député *G. de Rumilly*; le critique *P. de Saint-Victor*; l'exégète *Edm. Scherer*; le poëte lyonnais *G. Soulary*; le journaliste *Solar*; le diplomate *Thouvenel*, depuis ministre des affaires étrangères; le général *Trochu*; le jurisconsulte *Trolley*; le magistrat publiciste *O. de Vallée*; le journaliste *J. J. Weiss*; le général *de Wimpffen*, homonyme du général autrichien; l'historien *Zeller*, etc., etc.

Nous citerons pour l'étranger : *Arese*, président du cabinet sarde après Villafranca; *Armstrong*, inventeur du canon qui porte son nom; *Auer*, directeur de l'imprimerie impériale de Vienne; *John Bell*, homme d'État américain; *Bersezio*, romancier piémontais; *Boissier*, botaniste suisse; *Fernan Caballero*, romancière espagnole; *Couza*, prince régnant de la nouvelle Union Moldo-Valaque; *A. Decandolle*, naturaliste suisse; le général *Fanti*, ministre de la guerre, à Turin; *François II*, dernier roi de Naples; *F. Geffrard*, nouveau président de Haïti; le chanteur *Graziani*; *de Grünne*, général autrichien; *W. Hunt*, peintre anglais; *Lima* (J. d'Abreu et), historien brésilien; *Abr. Lincoln*, nouveau président des États-Unis; *Mac-Cormick*, inventeur américain de machines agricoles; *Mac-Crohon*, général espagnol, récemment ministre; *C. Matteucci*, savant italien; *Mendes-Leal*, littérateur portugais; le comte *de Montemolin*; *Mulready*, peintre de genre anglais; *Nana-Saïb*, l'un des chefs de la révolte des Indes; *Nasser-ed-din-Shah*, souverain de Perse; le comte *Nugent*, général autrichien; le marquis *de Pallavicino-Trivulzio*, prodictateur de Garibaldi à Naples; *Pitzipios*, publiciste grec; *Plana*, savant italien; *Replat*, avocat et jurisconsulte savoisien, aujourd'hui français; *Ros de Olano*, général espagnol, ancien ministre; *Sampaio*, journaliste portugais; le baron *de Schleinitz*, ministre des affaires étrangères à Berlin; le comte *Schlick*, général autrichien; le comte *Sclo-*

pis, homme politique et historien piémontais; *Sidi-Mohammed*, nouvel empereur du Maroc; *A. Spinelli*, chef du premier cabinet constitutionnel de François II; le chanteur *Tamberlick* ; *Tholuck*, théologien allemand ; *Türr*, général hongrois; les deux écrivains russes *Tourguéneff*; le savant épigraphiste italien *Visconti*, etc., etc.

Les notices consacrées à ces noms et à tant d'autres ne constituent pas cependant le complément le plus important du *Dictionnaire des Contemporains* dans cette nouvelle édition. Les additions de détail introduites dans la plupart des anciens articles pour les tenir au courant des événements récents de toute nature, composeraient par leur réunion un contingent plus considérable encore. Sous les noms des principaux personnages a été résumée, suivant la part qu'ils y ont prise, l'histoire de ces deux dernières années. Changements et modifications de cabinet, expéditions militaires, négociations diplomatiques, grands actes politiques ou administratifs; promotions à des fonctions nouvelles dans l'armée, la magistrature, l'Église, l'enseignement, etc.; titres honorifiques, décorations, récompenses; œuvres littéraires et artistiques; travaux scientifiques et publications de toute sorte : tous les faits, en un mot, qui ont pu signaler de nouveau à l'attention du public les noms déjà connus, ont été groupés en leur lieu et place à côté des renseignements, des titres et des œuvres que comprenaient déjà les notices primitives. Quelques-unes ont pris par ces additions une étendue assez considérable, mais proportionnée à l'importance et au relief que les faits nouveaux avaient tout d'un coup donnés à tel ou tel personnage. Il est naturel, par exemple, pour ne parler que de l'Italie, que des noms comme ceux de *Garibaldi*, du comte *de Cavour*, du roi *Victor-Emmanuel*, aient élargi le cadre des articles qui leur étaient d'abord consacrés.

Quant aux rectifications auxquelles une publication aussi délicate devait nécessairement donner lieu, elles ont été introduites à la fois avec empressement et mesure. On comprend que les ouvrages d'histoire ou de biographie contemporaine soient ceux où l'on relève le plus d'erreurs. La biographie et l'histoire du passé n'en contiennent peut-être pas moins; mais, quand les erreurs ne sont commises que sur les morts, il n'y a plus de témoins pour les démentir. Au contraire, un ouvrage écrit, comme celui-ci, sous les yeux mêmes et sous le contrôle perpétuel des vivants, ne peut commettre impunément l'inexactitude la plus involontaire. Toutes les fautes qui ont été signalées à l'auteur ont été corrigées; toutes les observations légitimes, accueillies; toutes les réclamations dont l'exagération ou la légèreté n'était pas manifeste, prises en considération; en un mot, toutes les communications sérieuses ou arrivées à temps, mises à profit.

Grâce à ces communications qui sont venues de tous les points de la France et des pays étrangers, le *Dictionnaire des Contemporains* a pu s'approcher davantage de cet état de perfection relative où le public désirait voir arriver ce grand répertoire des hommes et des choses du présent, destiné à faciliter dans l'avenir la tâche de l'historien et à satisfaire, au milieu du mouvement de la vie moderne, une légitime curiosité. Tel qu'il est, il fait connaître avec autant d'exactitude que d'impartialité les hommes qui jouent un rôle sur la scène actuelle du monde; il fournit aux hommes publics, aux écrivains, aux lecteurs de toutes les classes des renseignements indispensables.

Malgré l'étendue du plan primitif, malgré le nombre des notices nouvelles et les 20 000 additions de détail de cette seconde édition, l'auteur du *Dictionnaire universel des Contemporains*, s'imposant dans le remaniement de la rédaction une concision de plus en plus grande, a pu le maintenir dans les limites d'un seul volume; mais ce volume, conforme au *Dictionnaire universel d'histoire et de géographie* de M. Bouillet, et renfermant comme ce dernier, dans près de 4000 colonnes, la matière de seize volumes in-8°, a pu comprendre un assez grand nombre d'articles, pour laisser échapper peu de personnages dignes d'être connus. Les éditeurs ont aimé à rattacher l'une à l'autre ces deux publications, qui s'appellent et se complètent mutuellement.

_____

La page suivante est un spécimen de l'ouvrage.

(1821), dont il fut un des membres les plus assidus et à laquelle il a fait des communications fréquentes. Pendant plusieurs années, M. Caventou a professé la toxicologie à l'École supérieure de pharmacie de Paris. En avril 1845, il a été créé officier de la Légion d'honneur.

Parmi les nombreux travaux de ce savant, nous rappellerons : *Nouvelle nomenclature chimique* (1816, in-8), d'après la classification de Thénard; *Traité élémentaire de pharmacie théorique* (1819, in-8); *Manuel du pharmacien et du droguiste* (1821, 2 vol. in-8), traduit de l'allemand d'Ehermayer; beaucoup de mémoires et d'analyses chimiques imprimés à part ou dans les *Bulletins* de l'Académie, le *Journal de pharmacie*, les *Annales de chimie*, le *Bulletin de la Société médicale d'émulation*, etc.

CAVOUR (Camille BENSO, comte DE), homme d'État italien, président du conseil des ministres en Sardaigne, né à Turin, le 14 juillet 1810, est fils de l'ancien préfet de cette ville et descend d'une famille de Chieri, élevée au marquisat lors de la réunion de cette ville au Piémont. Il embrassa la carrière militaire, entra dans l'arme du génie et prit part aux travaux de diverses fortifications au pied du mont Cenis. Ses opinions libérales nuisant à son avancement, il donna sa démission et passa plusieurs hivers à Paris. Lorsque se manifestèrent en 1847 les mouvements réformistes, M. de Cavour fonda, avec le comte Balbo, la feuille constitutionnelle *il Risorgimento*, où il traita surtout les questions économiques. En 1848, il n'eut qu'un rôle très-secondaire pendant la lutte du Piémont contre l'Autriche. Il se sentait alors dépassé par les démocrates et les partisans les plus enthousiastes de l'indépendance italienne. Après le désastre de Novare et la chute du parti démocratique, il entra, en 1849, à la Chambre des Députés, et bientôt après il succéda à Santa-Rosa comme ministre du commerce et de l'agriculture; au commencement de 1851, il fut chargé, en outre, du portefeuille des finances. Il s'efforça de réparer les pertes causées par une guerre malheureuse et de rétablir l'équilibre entre les dépenses et les recettes. Mais les difficultés de la situation ne l'empêchèrent point d'engager son pays dans les voies aventureuses du libre échange, et de suivre l'exemple du gouvernement anglais avec une ardeur qui souleva contre lui, dans les Chambres, une opposition assez vive. Ses expériences économiques, qui n'ont pas toutes réussi, lui étaient à la fois reprochées par la droite, ennemie des nouveautés, et par la gauche, qui l'accusait de donner le change à la révolution.

En 1852, M. de Cavour rompit avec ses collègues da Foresta et d'Azeglio, pour se rapprocher du parti avancé et quitta un moment le ministère. Il y rentra comme président du conseil. Depuis lors, il est resté presque constamment à la tête des affaires, soutenu par une majorité compacte, qui lui a donné une grande force contre tous les partis extrêmes. Dans les questions intérieures, il a toujours professé un profond respect pour les principes proclamés par la France, en 1789, pour la liberté de la presse, des cultes, de l'industrie et du commerce, pour tous les droits individuels garantis par la Constitution de 1848; mais il a opposé les droits de l'État aux priviléges du clergé, proposé et fait exécuter en partie la vente des biens de mainmorte et enlevé aux corporations religieuses le monopole de l'enseignement; cette politique, approuvée par le roi Victor-Emmanuel et par la nation, attiré sur le Piémont les foudres du Vatican; et M. de Cavour, sans se laisser effrayer par les menaces de la cour de Rome, s'est vu forcé d'ajourner les projets de loi relatifs au mariage civil et à l'émancipation définitive de la société laïque. Les poursuites judiciaires exercées contre divers prélats (voy. FRANSONI) ne permirent pas au clergé de fomenter davantage l'agitation politique.

La question capitale, pour le Piémont, restait celle de l'indépendance et de l'unification de l'Italie. M. de Cavour a franchement arboré le drapeau national aux trois couleurs, sur lequel il a mis, comme Charles-Albert, la croix de Savoie. C'est pour assurer à l'Italie l'appui de l'Angleterre et de la France qu'il a décidé le roi et les Chambres à s'unir contre la Russie aux puissances occidentales. La guerre d'Orient terminée, il essaya de faire tourner au profit de l'Italie la malveillance de la Russie contre l'Autriche. Dans le congrès de Paris, il a exposé les maux des provinces soumises à l'occupation autrichienne et au gouvernement pontifical; si la diplomatie européenne s'est déclarée incompétente pour recevoir ses réclamations, du moins il avait porté jusque dans les conseils des souverains les plaintes et les vœux de l'Italie, et l'Italie tout entière lui en témoigna sa reconnaissance par des manifestations solennelles. La plus éclatante fut la souscription ouverte dans toutes les villes italiennes pour l'armement de la citadelle d'Alexandrie. L'Autriche protesta contre cette menace de guerre et les relations diplomatiques furent suspendues entre la cour de Vienne et celle de Turin. Mais M. de Cavour, comptant sur les sympathies de l'occident, et appuyé sur le sentiment national, dont les élections libérales de 1857 furent un nouveau témoignage, se prépara, sans crainte et sans impatience, à toutes les chances de l'avenir.

De la fin de 1858 à 1860, les événements se pressent et sont, en grande partie, l'œuvre de M. de Cavour. Sa visite à Plombières, dans l'automne de 1858, décide les arrangements entre le roi de Piémont et l'empereur des Français. Le discours du trône, au commencement de l'année suivante (10 janvier), est un appel solennel à toute l'Italie. Le mariage du prince Napoléon avec la princesse Clotilde est un signe public de l'alliance avec la France. Le Piémont et l'Autriche se plaignent de leurs armements réciproques, tandis que la question italienne est déférée à un congrès des grandes puissances. Une fois la guerre engagée au nord contre l'Autriche, et le concours tout-puissant de la France, M. de Cavour tourne tous ses efforts vers l'Italie centrale, et réussit à faire triompher, dans les duchés et la Romagne, soulevés contre leurs gouvernements, l'idée de la fusion avec le Piémont. La paix, conclue d'une manière si soudaine, après la bataille de Solferino, tout en donnant à Victor-Emmanuel la Lombardie, arrêta la marche triomphante de la politique de M. de Cavour, qui se retira du ministère; mais il ne cessa d'avoir une action décisive sur le mouvement national qui, malgré les clauses de Villafranca, enleva la Toscane, Parme, Modène, la Romagne à leurs souverains. Rentré au ministère, le 21 janvier 1860, il consacra la réunion de ces provinces à la monarchie sarde, et la fit accepter, en fait, par la France, en cédant à celle-ci Nice et la Savoie (juin).

En même temps les succès de Garibaldi en Sicile et à Naples semblaient préparer l'application des principes du comte de Cavour à toute l'Italie. En septembre, il prend l'intérim du département de la guerre et de la marine, tandis que le ministre titulaire, le général Fanti (Voy. ce nom), entrant dans les États romains, est chargé d'accomplir l'acte le plus hardi de l'unification italienne. Un peu plus tard, à propos des dissentiments qui éclatent entre lui et le dictateur de l'Italie

PARIS. — IMPRIMERIE DE CH. LAHURE ET Ce
Rue de Fleurus, 9

PARIS. — IMPRIMERIE DE CH. LAHURE ET Ce

Rue de Fleurus, 9

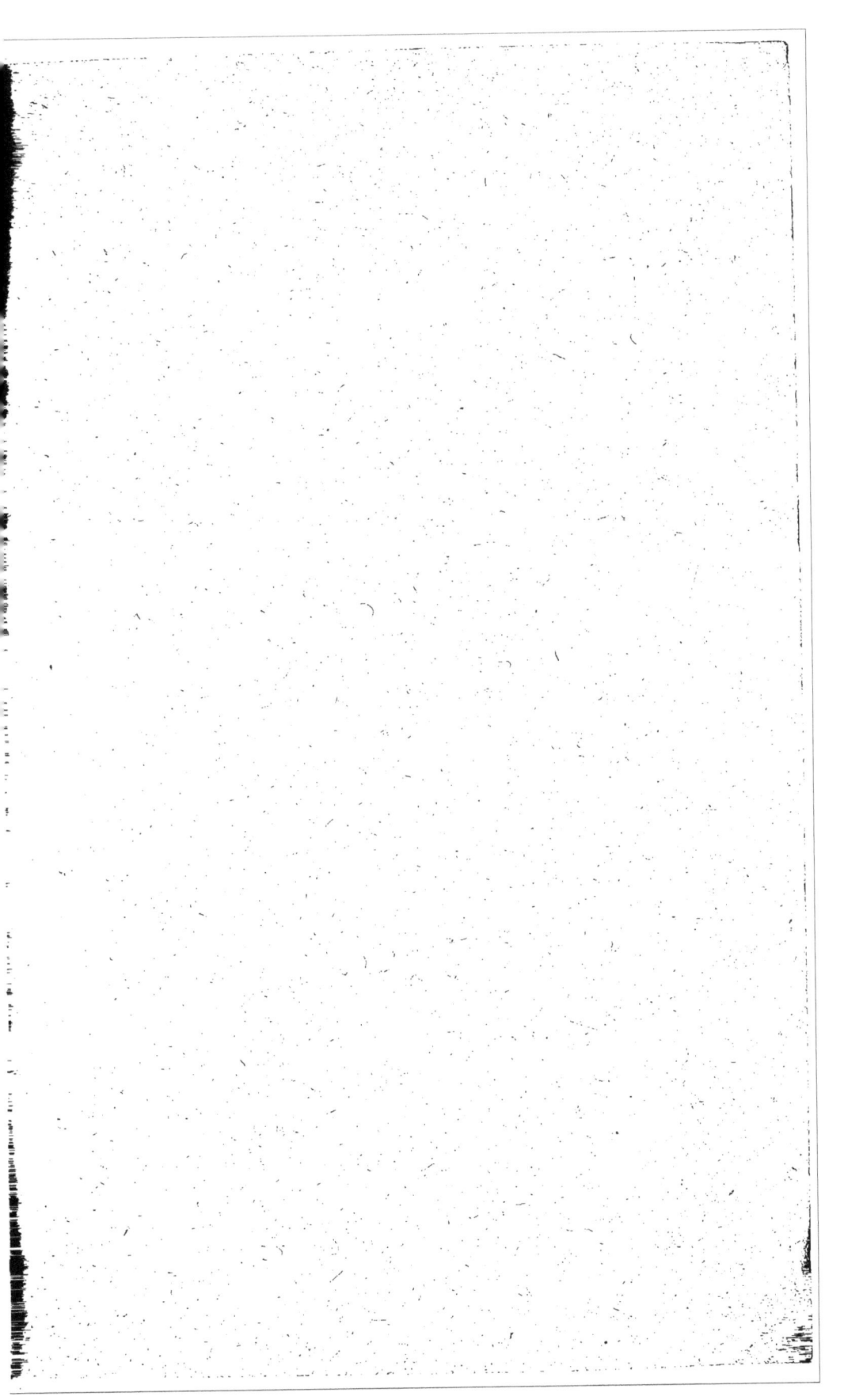

AUTRES DICTIONNAIRES

PUBLIÉS PAR LA MÊME LIBRAIRIE.

ÉTUDE DES LANGUES.

Dictionnaire raisonné des difficultés grammaticales et littéraires de la langue française; par J. CH. LAVEAUX; 3e édition, revue d'après le nouveau Dictionnaire de l'Académie et les travaux philologiques les plus récents; par M. C. MARTY-LAVEAUX. Ouvrage autorisé par le Conseil de l'Instruction publique. 1 volume in-8. Prix, broché, 7 fr.

Dictionnaire des synonymes de la langue française, avec une introduction sur la théorie des synonymes; ouvrage dont la première partie a obtenu de l'Institut le prix de linguistique en 1843 et en 1858, par M. LAFAYE, professeur de philosophie et doyen de la Faculté des lettres d'Aix. 2e édition. Un beau volume in-8 de 1200 pages, à deux colonnes. Prix, broché, 15 fr.

Dictionnaire français-latin, composé sur le plan du *Dictionnaire latin-français,* et tiré des auteurs classiques latins pour la langue commune, — des auteurs spéciaux pour la langue technique, — des Pères de l'Église pour la langue sacrée, — et du Glossaire de Ducange pour la langue du moyen âge, par L. QUICHERAT. Ouvrage dont l'introduction dans les écoles publiques est autorisée par M. le ministre de l'instruction publique et des cultes. 1 volume grand in-8. Prix, cartonné, 9 fr.

Lexique français-latin, à l'usage des classes élémentaires, extrait du *Dictionnaire français-latin* de M. L. Quicherat, et augmenté de toutes les formes de mots irréguliers ou difficiles; par M. SOMMER, agrégé des classes supérieures, docteur ès lettres. 1 volume in-8. Prix, cartonné, 3 fr. 50 c.

Dictionnaire latin-français, rédigé sur un nouveau plan, où sont coordonnés, revisés et complétés les travaux de Robert Estienne, de Gessner, de Scheller, de Forcellini et de Freund, et contenant plus de 1500 mots qu'on ne trouve dans aucun lexique publié jusqu'à ce jour; par MM. L. QUICHERAT et A. DAVELUY, suivi d'un *Vocabulaire latin-français des noms propres de la langue latine,* par M. L. QUICHERAT. Ouvrage autorisé par le Conseil de l'Instruction publique. 1 volume grand in-8. Prix, cartonné 9 fr.

Addenda lexicis latinis, investigavit, collegit, digessit L. QUICHERAT. 1 volume grand in-8. Prix, broché, 7 fr. 50 c.

Lexique latin-français, à l'usage des classes élémentaires, extrait du *Dictionnaire latin-français* de MM. L. QUICHERAT et DAVELUY, et augmenté de toutes les formes de mots irréguliers ou difficiles; par M. SOMMER. 1 volume in-8. Prix, cartonné 3 fr. 50 c.

Thesaurus poeticus linguæ latinæ, ou Dictionnaire prosodique et poétique de la langue latine, contenant tous les mots employés par les poëtes dont les œuvres nous sont parvenues, et ceux qui se trouvent dans les fragments et dans les inscriptions; par M. L. QUICHERAT. Ouvrage autorisé par le Conseil de l'Instruction publique. 1 volume grand in-8. Prix, cartonné, 8 fr.

Dictionnaire grec-français, à l'usage des établissements d'instruction publique; ouvrage composé sur un nouveau plan, où sont réunis et coordonnés les travaux de Henri Estienne, de Schneider, de Passow et des meilleurs lexicographes et grammairiens anciens et modernes; augmenté de l'explication d'un grand nombre de formes difficiles, et suivi de plusieurs tables nécessaires pour l'intelligence des auteurs; par M. C. ALEXANDRE, inspecteur général de l'Instruction publique, membre de l'Institut; 11e édition, entièrement refondue par l'auteur et considérablement augmentée. 1 volume de 1650 pages grand in-8. Prix, cartonné, 15 fr.

Abrégé du dictionnaire grec-français, contenant tous les mots indistinctement et toutes les formes difficiles de la Bible, de l'*Iliade* et des auteurs qu'on explique dans toutes les classes inférieures; par le même auteur. Ouvrage autorisé par le Conseil de l'Instruction publique. 1 volume de 750 pages grand in-8. Prix, cart., 7 fr. 50 c.

Lexique grec-français, à l'usage des classes élémentaires, par M. SOMMER. 1 volume in-8. Prix, cartonné, 6 fr.

Dictionnaire français-grec, composé sur le plan des meilleurs dictionnaires français-latins, enrichi d'un vocabulaire des noms propres et d'une table très-complète de tous les verbes irréguliers ou difficiles; par MM. ALEXANDRE, PLANCHE et DEFAUCONPRET. Ouvrage autorisé par le Conseil de l'Instruction publique. 1 volume grand in-8. Prix, cartonné, 15 fr.

Dictionnaire français-grec (nouveau), suivi : 1o d'un dictionnaire des noms propres appartenant à la mythologie, à l'histoire sacrée et profane, et à la géographie; 2o d'une table des formes irrégulières; par M. OZANEAUX, avec la collaboration de M. Roger et de M. Ebling. 1 volume grand in-8. Prix, cartonné, 15 fr.

Lexique français-grec, à l'usage des classes élémentaires, rédigé sur le plan du *Lexique français-latin* extrait du grand dictionnaire de M. L. QUICHERAT; par M. DÉBNER. 1 volume in-8. Prix, cartonné, 6 fr.

Dictionnaire classique allemand-français et français-allemand, par M. W. DE SUCKAU. Ouvrage autorisé par le Conseil de l'Instruction publique et adopté par le ministère de la guerre pour l'enseignement au collége militaire de la Flèche et à l'École de Saint-Cyr. 2 volumes petit in-8. Prix, cartonnés en 1 vol., 11 fr. 25 c.

GÉOGRAPHIE ET HISTOIRE.

Dictionnaire de géographie ancienne et moderne, contenant tout ce qu'il est important de connaître en géographie physique, politique, commerciale et industrielle, et les notions indispensables pour l'étude de l'histoire, avec un Supplément tenu au courant; par MM. MEISSAS et MICHELOT. Ouvrage autorisé par le Conseil de l'Instruction publique. 1 beau volume grand in-8, contenant 8 cartes coloriées. Prix, broché, 6 fr.

Dictionnaire universel d'histoire et de géographie, contenant : 1o l'Histoire proprement dite; 2o la Biographie universelle; 3o la Mythologie; 4o la Géographie ancienne et moderne; par M. BOUILLET, inspecteur de l'Académie de Paris. Nouvelle édition, revue, corrigée et augmentée d'un nouveau Supplément. Ouvrage recommandé par le Conseil de l'Instruction publique, approuvé par Mgr l'archevêque de Paris et autorisé par le Saint-Siège. 1 beau volume de plus de 2000 pages grand in-8. Prix, broché, 21 fr.

DICTIONNAIRES ENCYCLOPÉDIQUES.

Dictionnaire universel des sciences, des lettres et des arts, contenant : *Pour les Sciences :* 1o les Sciences métaphysiques et morales; 2o les Sciences mathématiques; 3o les Sciences physiques et les Sciences naturelles; 4o les Sciences médicales; 5o les Sciences occultes. — *Pour les Lettres :* 1o la Grammaire; 2o la Rhétorique; 3o la Poétique; 4o les Études historiques. — *Pour les Arts :* 1o les Beaux-Arts et les Arts d'agrément; 2o les Arts utiles; par M. BOUILLET. Ouvrage dont l'introduction dans les lycées est autorisée par M. le ministre de l'instruction publique et des cultes. 1 beau volume grand in-8. Prix, broché, 21 fr.

Dictionnaire des sciences philosophiques, publié sous la direction de M. Ad. FRANCK, membre de l'Institut, professeur au collége de France. 6 forts volumes in-8. Prix, brochés, 55 fr.

Dictionnaire universel de la vie pratique à la ville et à la campagne, contenant les notions d'utilité générale et tous les renseignements usuels. Ouvrage rédigé avec le concours d'ecclésiastiques, de jurisconsultes, d'économistes, de médecins, de vétérinaires, d'agronomes, d'ingénieurs, d'hommes de lettres et de savants; par M. BELEZE, ancien élève de l'École normale supérieure, ancien chef d'institution, auteur de divers ouvrages de grammaire, de sciences et d'éducation. 1 beau vol. grand in-8 de plus de 1800 pages. Prix, broché, 21 fr.

Tous ces ouvrages peuvent être fournis reliés.

Paris. — Imprimerie de Ch. Lahure et Cie, rue de Fleurus, 9.

www.ingramcontent.com/pod-product-compliance
Lightning Source LLC
Chambersburg PA
CBHW070943280326
41934CB00009B/2002